Modrybedd Afradlon

MODRYBEDD AFRADLON

MIHANGEL MORGAN

Golygyddion y Gyfres:
Dr Christine Jones
a
Julie Brake

Argraffiad cyntaf—2000

ISBN 1 85902 878 0

Cyhoeddwyd dan gynllun comisiynu
Cyngor Llyfrau Cymru.

Dymuna'r cyhoeddwyr gydnabod cymorth
Cyngor Llyfrau Cymru.

Argraffwyd yng Nghymru gan
Wasg Gomer, Llandysul, Ceredigion

i
Jean

BYRFODDAU

eg	enw gwrywaidd
eb	enw benywaidd
ll	lluosog
GC	gair sy'n cael ei ddefnyddio yng ngogledd Cymru
DC	gair sy'n cael ei ddefnyddio yn ne Cymru

1 – Casi a Bobi

Yn ôl yn yr wythdegau cynnar (dw i ddim yn cofio pryd yn union), roedd pawb yng Nghymru wedi clywed am fy nwy fodryb. Ar y pryd, roedd llawer o sôn amdanyn nhw yn y papurau, ar y radio ac ar y teledu. Daeth y ddwy'n enwog drwy Ynysoedd Prydain fel "Britain's Most Wanted Septagenarian Sisters" ac roedd cyffro mawr drwy'r wlad wrth i bobl ddarllen a chlywed eu hanes.

Erbyn hyn, does dim llawer o bobl yn cofio'r cyffro mawr achosodd y ddwy chwaer. Er bod llawer o sôn amdanyn nhw drwy'r wlad, ddaeth yr hanes ddim i gyd allan ar y pryd. Dim ond ar ôl holi fy mrawd yn ddiweddar y des i i wybod beth yn union ddigwyddodd. Dyna pam dw i'n ei gofnodi nawr, rhag ofn i'r hanes gael ei anghofio'n llwyr.

Roedd Anti Casi ac Anti Bobi yn byw drws nesa i fi. Doedden nhw ddim yn fodrybedd go-iawn i fi. Ddim yn dechnegol. Hynny yw, doedden nhw ddim yn chwiorydd i fy mam. Ond, wedi dweud hynny, roedden nhw'n perthyn iddi hi rywsut. Roedd mam-gu fy mam i a thad-cu Anti Casi ac Anti Bobi yn hanner chwaer a hanner brawd, neu rywbeth ansicr a dryslyd fel 'na. Doedd neb byth yn hollol siŵr. Beth bynnag, roedd fy

pennod (eg)	chapter	*yn llwyr*	completely
yn union	exactly	*go-iawn*	real
ar y pryd	at the time	*perthyn i*	to be related to
cyffro (eg)	excitement	*dryslyd*	confusing
yn ddiweddar	recently	*yn hollol*	completely
cofnodi	to record		

mam i a'r ddwy anti wedi byw drws nesa i'w gilydd ar hyd eu hoes. Daeth rhieni mam a rhieni Anti Casi ac Anti Bobi i'r dref 'ma i fyw ar yr un pryd â'i gilydd, ar ddechrau'r ugeinfed ganrif. Aeth y dynion i weithio yn y pwll glo.

Roedd Casi, yr hynaf o'r ddwy chwaer, yn faban pan symudodd ei rhieni i'w tŷ nhw, sef Bryngwyn. Cafodd Anti Bobi ei geni ar ôl iddyn nhw ddod i Bryngwyn i fyw. Ac ychydig o flynyddoedd ar ôl i Anti Bobi gael ei geni, cafodd Mam ei geni yn ein cartref ni, sef Brynheulog.

Dw i ddim yn mynd i sôn am holl hanes y ddau deulu nawr. Ond gan eu bod nhw tua'r un oedran, a gan eu bod nhw'n byw drws nesa i'w gilydd, a gan eu bod nhw'n perthyn i'w gilydd rywsut, roedd Mam, a Casi a Bobi'n fwy tebyg i chwiorydd na chymdogion. Aethon nhw i'r un ysgolion ac i'r un capel. Felly, roedd Mam yn credu ei bod hi'n adnabod Anti Casi ac Anti Bobi tu chwith allan.

Roedd Anti Casi ac Anti Bobi wedi bod yn rhan o fywyd fy nheulu erioed. Roedden ni'n gwybod popeth amdanyn nhw – neu, felly roedden ni'n meddwl.

Wnaeth Anti Casi nac Anti Bobi erioed briodi. Roedd iechyd Anti Casi wedi bod yn fregus erioed, ac roedd hi'n dost yn aml. Roedd Anti Casi wedi bod mor fach pan oedd hi'n faban, roedd y teulu'n gallu ei rhoi hi mewn jŵg laeth. Roeddwn i wedi clywed y stori 'ma

---

ar hyd	throughout	*holl*	all
hynaf	oldest	*gan*	since
yr un	the same	*tu chwith allan*	inside out
sef	namely	*bregus*	fragile
ychydig	a few, a little		

am roi Anti Casi mewn jŵg laeth gannoedd o weithiau. Dw i ddim yn deall pam roedden nhw eisiau ei rhoi hi mewn jŵg ond pwrpas y stori oedd i brofi mor fach oedd hi pan oedd hi'n faban. Cecilia oedd ei henw go-iawn ond chlywais i neb erioed yn ei galw hi wrth yr enw 'na.

Roedd Anti Casi'n cael pob salwch oedd i'w gael pan oedd hi'n blentyn. Roedd hi'n dioddef gyda'i llygaid, ei brest, a'i stumog. Roedd ei chalon yn wan, ei nerfau yn wael, ac roedd hi'n cael pennau tost yn aml iawn. Roedd rhannau eraill o'i chorff yn achosi problemau iddi hi hefyd, yn enwedig ei chroen a'i chymalau. Roedd hi bob amser yn 'gorfod bod yn ofalus . . . rhag ofn.' Achos bod ei hiechyd mor fregus dim ond ychydig o ysgol roedd Anti Casi wedi ei gael. Doedd hi ddim yn gallu dal unrhyw swydd, wrth gwrs, ac yn wir, doedd neb wedi disgwyl iddi hi wneud dim byd ar hyd ei hoes ond gorffwys.

Roedd Anti Bobi, ar y llaw arall, yn hollol wahanol. Roedd hi'n iach fel afal, ac yn gryf fel morthwyl. Doedd hi byth yn mynd yn dost, gan fod olwynion haearn tu mewn iddi hi. Yn ei hieuenctid, roedd gwallt coch fel carotsen 'da hi, ac roedd ei bochau hi'n sgleinio fel concyrs bob amser. Roedd hi'n beniog ac yn alluog hefyd. Aeth hi drwy'r ysgol ac ymlaen i goleg yr

cannoedd o weithiau	hundreds of times
profi	to prove
dioddef	to suffer
croen (eg)	skin
cymalau (ll)	joints
gorfod	to have to
dal	to hold

disgwyl i	to expect
gorffwys	to rest
morthwyl (eg)	hammer
olwynion haearn (ll)	iron wheels
ieuenctid (eg)	youth
bochau (ll)	cheeks
peniog	clever, intelligent

athrawon yn Aberystwyth. Pan adawodd hi'r coleg, roedd 'da hi dystysgrif mewn ffrâm, ac roedd hynny'n rhywbeth eithaf anghyffredin ar y pryd. Ar ôl gweithio yn Lloegr am gyfnod, daeth hi yn ôl i'n tref ni i ddysgu plant bach, ac yn y diwedd, hi oedd prifathrawes yr ysgol.

Ar ôl iddi hi ymddeol roedd pawb yn meddwl ei bod hi'n hen fenyw gyfoethog. Wedi'r cyfan, doedd hi erioed wedi gwario ceiniog os nad oedd rhaid. Doedd dim gwaith wedi cael ei wneud ar Bryngwyn ers i'w mam farw yn ôl yn y pedwardegau. Doedd dim tŷ bach yn y tŷ (dim ond yr hen un yn y cefn gyda sedd bren â dau dwll ynddi). Doedd dim teledu yn y tŷ, na ffwrn trydan na nwy, ond roedd hen 'ddi-wifr'. Ar yr hen 'ddi-wifr' 'na roedden nhw wedi clywed Edward yr wythfed yn ymwrthod â'r goron a Churchill yn siarad â'r genedl. Y 'di-wifr' oedd yr unig beth 'modern' yn y tŷ ar wahân i'r golau trydan. Roedd cartref Bobi a Casi fel amgueddfa ac roedden nhw eu hunain fel tasen nhw'n perthyn i'r oes o'r blaen.

Enw go iawn Bobi oedd Margaret-Anne, ond byddai hi wedi lladd unrhyw un a fyddai'n ei galw hi wrth yr enw 'na. Bobi oedd yr enw roedd hi wedi ei ddewis iddi hi ei hunan ers iddi hi fod yn ifanc iawn. Doedd hyd yn oed Casi ddim yn cofio Bobi'n gwisgo dillad 'priodol i ferch' pan oedd hi'n ifanc. Yn ei hieuenctid, roedd Bobi

tystysgrif (eb)	certificate	*di-wifr (eg)*	wireless
anghyffredin	uncommon, rare	*ymwrthod*	to renounce
cyfnod (eg)	period	*cenedl (eb)*	nation
menyw (eb) (DC)	*dynes (eb)(GC)*	*fel tasen nhw[1]*	as if they were
wedi'r cyfan	after all	*o'r blaen*	before, previous
pren	wood	*priodol*	appropriate
ffwrn (eb)	oven		

12

yn mynnu gwisgo dillad i fechgyn ac wedyn dillad dynion am weddill ei hoes. Roedd hi'n gwisgo trowsus, crysau, siacedi a theis sidan. Roedd ei throwsus fel llafnau, ac roedd ei chrysau wedi eu smwddio nes eu bod nhw fel papur. Roedd hi'n rhoi olew ar ei gwallt byr i'w gadw'n fflat ar ei phen ac roedd ei rhaniad syth, bob amser ar yr ochr chwith. Roedd hi'n smygu sigaretau fel corn simne.

Roedd pawb yn y dref yn adnabod Anti Bobi fel Miss Bevan. Roedden nhw'n ei pharchu hi hefyd, ac er nad oedd hi'n dalach na phedair troedfedd deg modfedd a thri chwarter, roedd ychydig o ofn Anti Bobi arnyn nhw. Roedd Bobi'n un o'r bobl fyr hynny sy'n llawn awdurdod fel Attila, Napoleon, a Saunders Lewis. Er ei bod hi'n fyr, roedd personoliaeth dal fel cawr 'da hi – yn wir, roedd cewri'r dref, dynion a bechgyn roedd hi wedi eu dysgu, yn ei hofni hi'n fawr. Un tro, dw i'n ei chofio hi'n gweld dau lanc mawr meddw yn rhegi ac yn gweiddi ac yn cicio caniau yn y stryd. 'Kelvin, Gary! Stopiwch hynny nawr', meddai Anti Bobi, a dyma'r bechgyn yn dweud 'Sori Miss Bevan,' ac yn cerdded i ffwrdd yn dawel gyda'u dwylo yn eu pocedi.

Roedd gan Anti Casi, ar y llaw arall, bersonoliaeth cysgod.

---

mynnu	to insist	*awdurdod (eg)*	authority
gweddill	rest, remainder	*Saunders Lewis*	20th century
sidan (eg)	silk		literary figure
llafnau (ll)	blades	*cawr (eg) cewri*	giant(s)
rhaniad (eg)	parting	*llanc (eg)*	youth
corne simne (eg)	chimney	*rhegi*	to swear
parchu	to respect	*cysgod (eg)*	shadow
er	although		

Dw i ddim yn eu cofio nhw fel menywod ifainc nac fel rhai canol oed. Roedd Anti Bobi wedi ymddeol o'r ysgol cyn i fi fynd yno – diolch i'r drefn. Dw i ddim yn credu y byddai hi wedi dangos unrhyw ffafriaeth i fi. Roedd hi'n rhy lym fel prifathrawes i ddangos unrhyw ffafriaeth i neb. Fy mrawd Howard oedd un o'r plant olaf iddi hi eu dysgu, a chafodd e ddim ffafriaeth 'da hi erioed.

Roedd Anti Casi bob amser yn fregus ei hiechyd ac ar fin marw, fel petai, ac Anti Bobi bob amser yn hala ofn ar blant. Roedd Howard yn gallu cofio peth o'r coch yng ngwallt Anti Bobi. Dw i ddim ond yn ei chofio hi gyda gwallt purwyn fel halen.

Ar ôl iddi hi ymddeol, unig ddiddordebau Anti Bobi oedd smygu, ei rhosynnod, Anti Casi, a'i chi bach, sef Tobi, y Sealyham gwyn.

---

diolch i'r drefn	thank goodness	*fel petai*	as it were
ffafriaeth (eb)	favouritism	*hala ofn*	to scare
llym	strict	*purwyn*	pure white
ar fin	on the point of		

2 – Anrheg Annisgwyl

Nawr, er na chafodd e unrhyw sylw ar y pryd, roedd Howard yn rhan annatod o anturiaethau Casi a Bobi. A gan Howard ces i'r rhan fwyaf o'r hanes dw i'n ei gofnodi yma nawr, y pethau na soniodd y papurau amdanyn nhw a'r pethau na ddaeth yr heddlu i wybod amdanyn nhw.

Cafodd Howard ei eni flwyddyn ar ôl i Mam a Dad briodi. Ddeuddeg mlynedd yn ddiweddarach ces i fy ngeni. Bu farw Dad y flwyddyn ganlynol.

Dw i'n cofio Howard fel brawd mawr annymunol iawn yn ei arddegau. Llipryn oedd Howard, oedd yn cuddio tu ôl i lyfrau trwchus, sbectol drwchus ac asma niwlog. Doeddwn i ddim yn gallu dweud yn yr ysgol fel y bechgyn eraill, 'Daw 'mrawd mawr i ar d'ôl di'. Erbyn fy mod i'n ddeg oed, roedd arna i gywilydd ohono fe. Ond, diolch i'r drefn, doedd Howard ddim yn mynd o'r tŷ yn aml iawn. Roedd e'n gweithio yn siop ddillad hen ffasiwn Illtyd James. Ond hysbyseb wael i siop ddillad oedd fy llipryn o frawd! Roedd ei wallt bob amser yn seimllyd, roedd e'n dew fel taten ac roedd bron pob modfedd o groen ei wyneb yn llawn o smotiau. Ei unig ddiddordebau oedd hen *encyclopedias*

annisgwyl	unexpected	annymunol	unpleasant
sylw (eg)	attention	arddegau (ll)	teens
annatod	essential, integral	lipryn (eg)	weakling
sôn am (soni-)	to mention	hysbyseb (eg)	advertisement
yn ddiweddarach	later	seimllyd	greasy
canlynol	following	ogof (eb)	cave

ac archaeoleg, oes yr ogofâu, y Rhufeiniaid a'r Celtiaid a phethau amgueddfaol fel 'na.

Dw i'n cofio popeth fel tasai hi'n ddoe – er bod fy nghof, efallai, wedi mynd yn ddryslyd ac yn chwarae triciau gyda'r manylion. Efallai bod fy nghof yn cymysgu trefn y digwyddiadau hefyd, ond dw i'n cofio fy mod i'n gwylio *Dr Who*. Roedden nhw'n dangos y bennod gyntaf, sef 'An Unearthly Child', eto. Dw i ddim yn hollol siŵr, ond mae'n bosib eu bod nhw'n ailddangos y bennod i ddathlu'r ffaith bod *Dr Who* wedi bod ar y teledu am ugain mlynedd. Dw i'n cofio taw pennod am bobl oedd yn byw yn oes yr ogofâu oedd hi a bod Howard yn gwylio gyda fi. Roedd Howard wrth ei fodd ac am unwaith roedden ni'n dau'n gytûn.

Ces i fy swyno gan yr hen gerddoriaeth iasoer, y pethau du a gwyn yn mynd mewn a mas, yr hen ddyn yn teithio mewn blwch ffôn, y tu mewn yn anferth. Roedd naws yr hen raglen mor gyffrous. Ond y peth nesaf dw i'n ei gofio oedd Mam yn dechrau llefain wrth gofio am farwolaeth yr Arlywydd Kennedy.

'Roedd yr hen raglen 'na ymlaen pan ddaeth y newyddion am Kennedy mas', meddai hi.

Roeddwn i'n mynd i ofyn iddi hi pam oedd hi'n llefain, wedi'r cyfan doedd hi ddim yn adnabod JFK, ac roedd y peth wedi digwydd mor bell yn ôl, pan alwodd Anti Bobi. Dw i'n cofio meddwl, 'O! na, mae Anti Casi

---

manylion (ll)	details	iasoer	chilling
cymysgu	to mix up	naws (eb)	nuance
trefn (eg)	order	llefain	to cry
yn gytûn	in agreement	pwl (eg) pyliau	bout(s), attack(s)
swyno	to enchant	dychrynllyd	terrifying

wedi marw eto!' Bob tro byddai Anti Casi'n cael un o'i
phyliau dychrynllyd byddai Anti Bobi yn dod i chwilio
am Mam. Nid bod Mam yn gallu gwneud dim i helpu,
doedd hi ddim yn nyrs (Mrs Moffat oedd yr unig nyrs
yn ein stryd ni, a doedd hi ddim yn nyrsio nawr) a
doedd dim ffôn 'da ni chwaith, (yr unig berson â ffôn
yn y stryd oedd Mr Protheroe). Ond er hynny, pan oedd
Anti Casi'n cael un o'i phyliau, roedd Anti Bobi yn
mynnu bod Mam yn dod i gadw cwmni iddi hi, i fod yn
llygad-dyst fel petai, i Anti Casi yn dioddef. Ond
wedyn, byddai Anti Casi bob tro yn dod dros ei phyliau
ar ôl iddi hi hala ofn ar bawb.

Ond y tro hwn, doedd dim brys ar Anti Bobi. Daeth
hi i mewn wrth ei phwysau, sigarét yn ei llaw dde, fel
arfer, tei sidan glas, crys gwyn, cardigan lwyd a Tobi
wrth ei thraed.

'On'd yw'r newyddion 'ma'n drist?' meddai hi, wrth
weld llygaid a thrwyn Mam fel tomatos. Doedd hi ddim
yn sylweddoli bod Mam yn llefain dros hen newyddion
oedd dros ugain mlwydd oed. Roedd hi'n amlwg i fi
nad oedd hi'n cydymdeimlo o ddifri a bod 'da hi ryw
neges arbennig arall.

Er bod Mam yn galw arnyn nhw bob dydd, ac er bod
Anti Casi'n dod i'n gweld ni weithiau, pan fyddai hi'n
teimlo'n ddigon cryf, anaml iawn byddai Anti Bobi'n
dod i'n tŷ ni heb fod 'da hi bwrpas penodol.

Ar ôl cloncian am bum munud, daeth Anti Bobi at y
pwynt yn syth, heb hel dail, yn ôl ei natur.

llygad-dyst (eg)	eye witness	penodol	specific
brys (eg)	haste, hurry	cloncian	to chat, gossip
wrth ei phwysau	taking her time	hel dail	to beat about the bush
sylweddoli	to realise		
anaml	rarely		

'Ga i air gyda Howard?' gofynnodd hi. Edrychodd Mam a Howard a fi arni hi'n syn. Roedd clywed Anti Bobi'n gofyn am Howard yn union fel edrych drwy'r ffenestr a gweld lleuad las yn yr awyr, neu fel gweld blwch ffôn yn glanio yn yr ardd. Doedd neb eisiau siarad â Howard, byth.

'Cei,' meddai Mam.

'Howard?' dechreuodd Anti Bobi.

'Ie,' meddai Howard yn araf gan stwffio'i ddwylo i bocedi ei gardigan. Roedd Anti Bobi'n eistedd yn y gadair freichiau o flaen y tân, gyferbyn â Mam. Edrychodd hi lan ar yr wyneb smotiog.

'Howard, licet ti gael car newydd sbon?' gofynnodd hi, cwestiwn fel taranfollt o'r nefoedd. Cwestiwn na allai'r un ohonon ni ei amgyffred ar unwaith.

'Rwyt ti'n gweld,' meddai Anti Bobi wrth Mam (dim pwynt siarad â thwpsyn fel fy mrawd), 'dw i'n moyn car er mwyn mynd â Casi a Tobi i weld cwpwl o lefydd. Teithio tipyn o gwmpas y wlad 'ma, cyn ei bod hi . . . wel, yn rhy hwyr. Ond, t'wel, dw i'n rhy hen i ddysgu sut i yrru nawr, ac mae Marc 'ma'n rhy ifanc. Felly, dw i'n fodlon prynu'r car 'ma a thalu am wersi gyrru i Howard, dim ond iddo fe addo bod yn *chauffeur* i Casi, Tobi a fi.'

Pesychodd Anti Bobi ei phesychiad smygwraig cyn troi at Howard. Roedd hi'n gwybod bod ei geiriau hi'n anodd eu hamgyffred ar unwaith. Doedd dim llawer o bobl ifainc yn ein hardal ni y pryd hynny â'u ceir eu hunain.

---

newydd sbon	brand new	*amgyffred*	to grasp
taranfollt o'r	a bolt from the	*t'wel*	you see
nefoedd	blue		(*rwyt ti'n gweld*)

Ond, ew, roeddwn i'n grac. 'Marc 'ma'n rhy ifanc, wir! Doedd 'da Howard ddim diddordeb mewn ceir o gwbl – fi oedd yn moyn car, yn ysu am gael car, yn breuddwydio am geir. Nid Howard, yr hen *sisi*. Fi oedd â'r *Observer's Book of Automobiles* ac yn gallu adnabod pob car ynddo fe wrth i chi fy mhrofi i drwy guddio'r enw o dan y llun. Roedd e'n siŵr o wrthod, doedd dim clem 'da fe am geir, dim asgwrn cefn.

'Ly-ly-liciwn,' atebodd Howard.

''Na ni te,' meddai Anti Bobi chwap, cyn i Howard gael cyfle i newid ei feddwl.

Ces i fy nharo yn fud pan dderbyniodd Howard gynnig anhygoel Anti Bobi. Roedd Anti Bobi'n gwybod yn ei chalon taw fi ddylai gael y car a'r gwersi. Ond yn dechnegol, roedd hi'n iawn, roeddwn i'n rhy ifanc, er taw mater o fisoedd yn unig oedd hi. Ar y pryd, doeddwn i ddim yn deall rhesymau Howard dros dderbyn y cynnig chwaith. Pwy sy'n nabod ei frawd ei hunan heb sôn am ei ddwy Bopa drws nesa?

'Awn ni ben bore dydd Llun i ddewis car newydd,' meddai Anti Bobi cyn gadael.

---

3 – Y Trawsffurfiad

Cafodd Howard ei wers gyntaf yn y Citroën 2CV y flwyddyn honno. Wedyn aeth Howard druan drwy naw hyfforddwr gyrru gan ddechrau gyda Mr Phelps dros y ffordd a dw i'n cofio'i orchmynion diamynedd yn glir: 'Mirror, signal, manoeuvre. Mirror! Signal! Manoeuvre!' Cafodd Howard chwe chant wyth deg saith o wersi i gyd ac un deg un o brofion, gan basio yn y diwedd ar ei ddeuddegfed cais. Cafodd yr holl wersi, hyfforddwyr a phrofion hynny eu gwasgu i fewn i gyfnod byr. Roedd Anti Bobi ar frys iddo fe gael ei drwydded. A chafodd e ei drwydded ddyddiau ar ôl fy mhen-blwydd yn un deg saith mlwydd oed.

Un tro, roedd Howard yn cael gwers ac roeddwn i'n eistedd yng nghefn y car pan ddwedodd yr hyfforddwr wrtho fe am droi olwyn y llyw ddwywaith. Ond, doedd Howard ddim yn deall. 'Mae olwyn yn gylch,' meddai Howard, 'ble mae'r dechrau? Ble mae'r diwedd?' Doedd e ddim yn deall termau fel 'left hand down' chwaith. A dweud y gwir doedd e ddim yn siŵr o'r chwith a'r dde. Pan oedd yr hyfforddwr yn gofyn iddo fe droi i'r dde, roedd Howard yn mynd i'r chwith. Weithiau byddai fe'n arwyddo i'r chwith ond yn troi'r car i'r dde. Yn y diwedd, ysgrifennodd Mam y gair

trawsffurfiad (eg)	transformation	*gwasgu*	to squeeze
hyfforddwr (eg)	instructor	*trwydded (eb)*	licence
diamynedd	impatient	*olwyn llyw (eb)*	steering wheel
profion (ll)	tests	*cylch (eg)*	circle
cais (eg)	attempt	*arwyddo*	to indicate

'chwith' ar gefn ei law chwith a 'de' ar y llaw arall cyn pob un o'i brofion.

Roedd Howard yn anobeithiol. Fi oedd yn gorfod esbonio popeth iddo fe mewn geiriau syml ar ôl y wers. Doedd hi ddim yn rhyfedd i fi basio fy mhrawf i ar y cynnig cyntaf yn ddiweddarach, heb i Anti Bobi dalu am un yr wers. Dim ond un deg wyth o wersi ges i a dim ond tair gyda hyfforddwr proffesiynol a thalais i am y rheiny allan o fy nghynilion, arian poced a'r arian roeddwn i'n ei gael am wneud rownd bapur. Ces i'r gwersi eraill am ddim gyda Mr Phelps dros y ffordd. Ond pan oeddwn i'n cael gwersi roedd Bobi, Casi, Tobi a Howard yn bell i ffwrdd ac yng nghanol eu trafferthion i gyd.

Dwedodd Anti Bobi fod cael Howard drwy'i brawf gyrru (cost y car, y gwersi a'r profion) wedi mynd ag un rhan o dair o gynilion ei hoes hir fel athrawes a phrifathrawes.

'Ar ôl iddo fe fethu'r drydydd tro,' meddai Anti Bobi, 'roeddwn i'n dechrau meddwl fy mod i'n ffôl iawn. Ond, ar ôl iddo fe fethu'r pedwerydd tro, doedd dim troi yn ôl. Roeddwn i wedi gwario gormod arno fe erbyn hynny. Doedd dim dewis 'da fi ond ei wthio fe ymlaen gan fy mod i wedi buddsoddi cymaint ynddo fe. Ond taswn i wedi rhag-weld ar y dechrau faint o arian byddwn i'n ei wario arno fe cyn y diwedd, byddwn i wedi aros i Marc bach.'

Roedd y geiriau 'na yn fiwsig persain yn fy nghlustiau i.

---

cynilion (ll)	savings	*buddsoddi*	to invest
trafferth (eg) (ion)	trouble (s)	*rha-gweld*	to foresee
ffôl	foolish	*persain*	sweet, melodic

'Wel, mae e wedi pasio yn y diwedd a dyma ni i gyd yn y car 'ma nawr,' meddai Anti Casi, oedd bob amser yn dymuno gweld ochr orau pethau, 'felly, mae wedi bod yn werth pob ceiniog!'

Roedd Anti Casi, Mam, a fi yn eistedd yng nghefn y car, ac roedd Anti Bobi yn eistedd yn y sedd flaen yn smygu (wrth gwrs) wrth ochr Howard. Roedd Tobi ar ei harffed yn cyfarth ar bopeth welai e drwy ffenest y car.

Er ei fod e wedi llwyddo'r prawf gyrru o'r diwedd, roedd Howard yn dal yn yrrwr ofnadwy. Roedd e'n crafu'r gêrs nes eu bod nhw'n sgrechian am drugaredd, roedd e'n anghofio ystyr yr arwyddion, roedd e'n ofni'r ceir a'r gyrwyr eraill ac, yn waeth na'r cyfan, roedd e'n gyrru yn ddychrynllyd o araf.

'Fel mae e'n gyrru, nid *speedometer* sydd eisiau ar y car 'ma,' meddwn i 'ond *barometer!*''

'Ust,' meddai Mam, 'paid â bod yn haerllug wrth dy frawd.'

Chwarae teg i'r *Citroën* bach druan – a Howard – cawson ni ein cario gan bwyll bach at y neclis o heol o gwmpas Bannau Brycheiniog.

'Dyna olygfa ogoneddus,' meddai Anti Bobi gan edrych i lawr y dyffryn i gyfeiriad Aberhonddu ar ôl i Howard dynnu i mewn ar ochr y ffordd.

'Ew, mae Cymraeg lyfli 'da ti, Bobi,' meddai Mam,

---

dymuno	to wish	*haerllug*	insolent
arffed (eb)	lap	*gan bwyll bach*	cautiously
dal	still	*Bannau*	the Brecon
crafu	to scratch	*Brycheiniog*	Beacons
trugaredd (eg)	mercy	*golygfa (eb)*	view
meddwn i	I said (used after direct speech)	*gogoneddus*	glorious

oedd wedi ei swyno gan y geiriau wrth eu dweud nhw ei hunan – 'golygfa ogoneddus.'

'Cymraeg hyfryd,' snapiodd Anti Bobi oedd yn ymwrthod ag unrhyw fath o ganmoliaeth, 'neu "hardd" neu "brydferth". Mae digon o eiriau Cymraeg da gyda ni heb ddweud pethau twp fel "lyfli", sy'n air Saesneg mewn gwirionedd.'

'Ond 'na fe,' meddai Mam, oedd wedi ei brifo ac yn pwdu, 'rwyt ti wedi bod i goleg.'

'Nid yn y coleg ces i fy Nghymraeg,' atebodd Anti Bobi, 'ond ar yr aelwyd ac yn y capel, yr un peth â ti a Casi a'r bechgyn a Tobi 'ma.'

Tawelwch a thyndra am dipyn wedyn, nes i Howard benderfynu ei bod hi'n bryd i ni symud ymlaen. O'r dechrau, sylweddolodd Howard fod y car yn rhoi grym ac awdurdod iddo gan mai fe oedd yr unig un ohonon ni oedd yn gallu gyrru.

'Ar y ffordd 'nôl,' meddai Howard, 'liciwn i chwilio am Ystradfellte ac am garreg o'r enw Maen Llia.'

Suddodd fy nghalon, i feddwl ein bod ni'n mynd i edrych am hen garreg.

'Wyt ti'n gwybod ble mae'r lle 'ma?' gofynnodd Anti Bobi.

'Ydw. Astudiais i'r map cyn i ni ddod mas heddiw.'

Nawr, gan ei bod hi'n ddydd Sul, doedd dim llawer o geir ar yr heol, Ond hyd yn oed wedyn, roedd Howard yn yrrwr arswydus o beryglus. Roedd y daith yn hir ac

---

canmoliaeth (eb)	praise	grym (eg)	power
mewn gwirionedd	in fact	carreg (eb)	stone
pwdu	to sulk	suddo	to sink
aelwyd (eb)	hearth	arswydus o	terrifyingly
tyndra (eg)	tension		

roedd y lôn yn droellog. Doedd Howard ddim yn siŵr o'r ffordd o gwbl mewn gwirionedd. Aeth Anti Casi'n dost, ac roedd gyrru nerfus Howard mor herciog, roedd rhaid iddo fe stopio'r car fwy nag unwaith er mwyn iddi hi gael cyfogi ar ochr y lôn. Ond yn y diwedd, cyrhaeddon ni'r garreg.

Fydda i byth yn anghofio'r prynhawn Sul hwnnw a gweld y garreg fawr honno'n sefyll rhwng y mynyddoedd yn haul yr hwyr. Aethon ni i gyd allan o'r car i edrych arni hi, hyd yn oed Anti Casi, a safon ni o gwmpas yr hen garreg gan ryfeddu ati hi. Roedden ni i gyd wedi'n taro'n fud, pawb, hynny yw, ond Tobi, a aeth draw i gyfarth ar y garreg a chodi ei goes.

Roedd Howard wedi dod â hen gamera gyda fe, a thynnodd e luniau ohonon ni yn sefyll wrth ochr y garreg. Mae'r lluniau'n dal gyda fi. Mae un o Anti Bobi ac Anti Casi yn sefyll bob ochr i'r garreg, ac yn gwenu i mewn i'r haul. Yn y llun, mae Bobi'n gwisgo crys llewys cwta a thei, ac yn dal sigarét yn ei llaw dde, ond mae Casi wedi'i lapio mewn côt fawr a het wlân fel gorchudd tebot. Mae Tobi yn smotyn gwyn wrth ei thraed.

Mae 'na lun o Mam a fi; llun o Mam a fi ac Anti Bobi; a llun o Anti Casi a Tobi. Wedyn mae 'na lun dynnais i o'r ddwy fopa a Howard a Tobi, ond mae rhyw fflach o olau rhyfedd, annaearol bron, yn y llun. Dim ond yn y llun hwn o'r ddwy fopa, Howard a Tobi, mae'r golau rhyfedd i'w weld, er bod y lluniau eraill i

lôn (eb)	lane	*llewys cwta*	short-sleeved
troellog	winding	*gorchudd tebot (eg)*	tea cosy
herciog	erratic	*annaearol*	unearthly
cyfogi	to vomit		

gyd wedi cael eu tynnu o'r un safle, ac yn yr un golau. Ond welodd neb unrhyw fflach o olau ar y pryd.

Yn fy marn i, newidiodd popeth ar ôl i ni ymweld â Maen Llia y diwrnod hwnnw. I ddechrau, newidiodd iechyd Anti Casi; peidiodd ei phyliau, daeth rhosynnod i'w bochau a sythodd ei chefn. Newidiodd Anti Bobi hefyd, ond roedd y newid ynddi hi yn fwy anodd i'w ddiffinio. Roedd hi'n fwy aflonydd, ac roedd hi'n smygu hyd yn oed yn fwy nag arfer. Collodd hi ddiddordeb yn ei gardd gan adael i chwyn dyfu ac i bryfed a malwod fwyta ei blodau.

A newidiodd Howard. Wnaeth e ddim colli pwysau i ddechrau ond gadawodd e i'w wallt dyfu i hyd gwallt Boy George, a chliriodd ei groen dros nos bron. Taflodd e ei sbectol i ffwrdd – gan ddweud ei fod e'n gallu gweld yn well hebddyn nhw, ac aeth e allan a phrynu dillad newydd (ac nid o siop Illtyd James). Prynodd e grysau ffrili mewn lliwiau llachar, melyn, oren a phorffor a throwsus gwyn tyn. Mewn amrantiad, roedd e wedi troi'n un o'r *New Romantics* ac roedd e'n dilyn bandiau fel Spandau Ballet, The Human League, Adam and the Ants, Japan a Culture Club.

Yn rhyfedd iawn, er bod y newidiadau hyn yn ddigon sydyn a thrawiadol, dw i ddim yn cofio neb yn tynnu sylw atyn nhw, nac yn siarad amdanyn nhw. Hyd y gallwn i weld, doedd Mam a fi wedi newid dim.

safle (eg)	position	*llachar*	bright
diffinio	to define	*mewn amrantiad*	in an instant
aflonydd	restless	*trawiadol*	striking
chwyn (ll)	weeds	*tynnu sylw at*	to draw attention to
pryfed (ll)	insects	*hyd y gallwn*	
hyd (eg)	length	*i weld*	as far as I could see

Roedd y newid yn Anti Casi'n ddigon derbyniol –
on'd oedd hi'n haeddu ei hiechyd wedi'r cyfan? On'd
ydyn ni'n cymryd iechyd da yn ganiataol? Dim ond
salwch sy'n denu sylw.

Ac roedd Howard yn hapusach ac yn fwy dymunol
ac allblyg. Hwn oedd yr Howard go -iawn, fel petai.
Hwn oedd yr Howard buon ni'n aros amdano fe ar hyd
ei oes. O'r diwedd, roedd Howard wedi dod allan o'i
gragen

Doedd y newid yn Anti Bobi ddim mor amlwg.
Doedden ni ddim yn ymwybodol ohono fe. Mae'n
debyg taw ei newid mewnol hi, serch hynny, oedd yr un
mwyaf daeargrynfaol ohonyn nhw i gyd.

---

derbyniol	acceptable	*allblyg*	extrovert
yn ganiataol	for granted	*cragen (eb)*	shell
denu sylw	to attract	*ymwybodol*	aware, conscious
	attention	*daeargrynfaol*	earth-shattering

4 – Y Diflaniad

Wrth edrych yn ôl nawr at y cyfnod byr 'na rhwng llwyddiant Howard i basio'i brawf gyrru ac enwogrwydd byrhoedlog fy nwy fodryb, mae'n anodd cofio a oedd unrhyw awgrym o'r cyffro oedd i ddod. Dim ond mater o wythnosau oedd hi, mis neu ddau ar y mwyaf yn sicr. Doedd Howard ddim wedi meistroli'r car yn iawn er ei fod e'n gyrru i'w waith bob dydd. Bob dydd, roedd e'n dychryn nid yn unig y gyrwyr eraill ar yr heol ond hefyd pobl yn cerdded ar y palmentydd. Ond roedd e'n mynd i'w waith yn siop Illtyd James yn rheolaidd.

Ac ambell waith, roedd Anti Casi'n dod i gloncian ac yfed dishgled o de gyda Mam, ac roedd Mam yn mynd drws nesa i'w gweld hi ac Anti Bobi. Ac roedd Anti Bobi yn smygu ac yn mynd â Tobi am dro. Roedd popeth yn mynd yn ei flaen fel arfer.

Dw i wedi sôn am y newidiadau; croen a phersonoliaeth Howard, iechyd Anti Casi, Anti Bobi yn colli diddordeb yn yr ardd. Ond daethon ni i dderbyn y newidiadau hyn yn syth; doedd dim awgrym o'r dyfodol annisgwyl ynddyn nhw o gwbl.

Yn yr ysgol roeddwn i o hyd, ac roedd Mam yn awyddus i fi fynd ymlaen i'r brifysgol (dylanwad Anti

---

diflaniad (eg)	disappearance	*yn rheolaidd*	regularly
byrhoedlog	short-lived	*dishgled (eg) (DC)*	paned
awgrym (eg)	hint, suggestion	*awyddus*	eager
mesistroli	to master	*dylanwad (eg)*	influence
dychryn	to frighten		

Bobi arni hi). Ond roeddwn i, ar y llaw arall, yn ysu am gael gadael yr ysgol i gael swydd go-iawn fel y gallwn i brynu car ail-law a stereo a recordiau. Peth arall roeddwn i'n dymuno ei wneud oedd tyfu fy ngwallt i fel Adam Ant neu – gwell byth – fel Phil Oakey yn yr Human League.

Roedd Mam yn erbyn y cynlluniau hyn wrth gwrs, ac roedd cefnogaeth yr ysgol 'da hi. Y rheol yn yr ysgol oedd bod rhaid i chi fynd i dorri'ch gwallt unwaith roedd e'n cyrraedd coler eich crys.

Roedd gweld Howard, felly, yn ei gar bach newydd a'i grysau ffrili llachar a'i wallt hir, yn annioddefol i fachgen ysgol fel fi. Pwy fyddai'n meddwl y byddwn i'n genfigennus o fy nghabetsen o frawd? Ond, dyna ni, roedd y rhod wedi troi.

Un diwrnod heulog, yn ystod awr ginio'r ysgol, roeddwn i a chriw o fy ffrindiau yn sefyll tu allan i'r siop losin ar y gornel. Roedden ni wedi tynnu'n teis, er bod hyn yn erbyn y rheolau, hyd yn oed tu allan i'r ysgol. A phwy aeth heibio yn ei Citroën, y ffenestri ar agor led y pen, ond fy mrawd. Roedd e'n gwisgo sbectol haul anferth, rhai crwn, gyda fframau plastig coch, ac roedd ei wallt hir yn chwifio o gwmpas ei fochau balŵnaidd. Roedd botymau ei grys melyn ar agor gan ddangos ei groen lliw aspirin.

---

cynllun (eg) (-iau)	plan(s)	*roedd y rhod*	the tables had
cefnogaeth (eb)	support	*wedi troi*	turned
annioddefol	unbearable	*siop losin (eb)*	sweet shop
cenfigennu s	jealous	*led y pen*	wide open
cabetsen (eb) (DC)	cabbage,	*crwn*	round
	bresychen	*chwifio*	to wave
		botymau (ll)	buttons

'Hei, nid dy frawd di oedd hwnna?' gofynnodd Gareth.

'Nage,' meddwn i. Roeddwn i'n arfer gwadu Howard am ei fod mor seimllyd â thalp o sebon gwlyb. Ond y tro hwn, roeddwn i'n ei wadu am fod ei liwiau'n brifo'r llygaid. Cywilydd yw cywilydd, er bod ei achosion yn amrywio.

Roedd fy ieuenctid i'n pontio dau fyd y pryd hynny. Roeddwn i'n eistedd ar y ffens rhwng newydd-deb yr wythdegau a diwylliant Cymreig a chapelyddol yr oes o'r blaen. Roedd fy mam yn gapelwraig ffyddlon. Buodd ei thad hi a thad Anti Bobi ac Anti Casi hefyd yn ddiaconiaid ym Methania. Roedd yr aelodaeth yn isel iawn erbyn hyn ond roedd ein dau deulu'n dal i fynd i'r cwrdd. Diacones oedd Anti Bobi a hi oedd yn chwarae'r organ. Ac roedd Howard a fi'n gorfod mynd i'r capel ac i'r Ysgol Sul, doed a ddêl. Anti Bobi oedd yr unig berson yn ein stryd ni oedd yn pleidleisio'n rheolaidd dros Blaid Cymru – ac roedd Anti Casi a Mam yn gwneud beth bynnag roedd Anti Bobi'n ei wneud. Roedden nhw'n darllen *Y Faner* ac yn gwrando ar raglenni Cymraeg ar eu di-wifr. Ond tu allan roedd byd newydd yn deffro – Dead or Alive, Frankie Goes to Hollywood, Culture Club – Punks, Goths, New Romantics, ffilmiau Derek Jarman a dillad Viv Westwood. Roeddwn i'n ymwybodol o'r pethau hyn fel

talp (eg)	lump	*doed a ddêl*	come what may
amrywio	to vary	*pleidleisio*	to vote
diwylliant (eg)	culture	*Y Faner*	Papur Cymraeg
ffyddlon	faithful		a ddaeth i ben
diacon (eg)	deacon		ym 1992
aelodaeth (eb)	membership	*deffro*	to wake up, *dihuno*
cwrdd (eg)	*capel*		

pethau pell i ffwrdd, tu hwnt i'n cyrraedd ni. Ac eto i gyd, roedd Howard wedi dechrau eu hadlewyrchu nhw.

'Chei di ddim mynd i'r cwrdd fel 'na!' meddai Mam un bore Sul pan welodd hi Howard yn dod lawr y grisiau mewn crys gwyrdd a glas, trowsus lliw lafant a sgidiau glas a rhywbeth tebyg i sgarff *chiffon* pinc am ei wddwg. A beth oedd hwnna ar fys bach ei law dde?

'Beth yn y byd yw hwnna ar dy fys bach?' gofynnodd Mam mewn llais tebyg i sgrech.

'Modrwy!'

'Modrwy!' gwaeddodd Mam. 'Pa fath o fodrwy?'

'Riwbi,' meddai Howard heb unrhyw gywilydd, 'riwbi ffug!'

'Riwbi!' Roedd Mam yn wyn a dw i'n siŵr y byddai hi wedi llewygu oni bai bod Anti Bobi ac Anti Casi wedi dod i'r drws cefn y funud honno.

'Ble dych chi? Dych chi'n ddiweddar,' meddai Anti Bobi.

Fel rheol, bydden nhw'n sefyll wrth ddrws cefn eu cartref nhw i aros amdanon ni ac wedyn bydden ni'n cerdded i'r capel gyda'n gilydd, pob un yn cario'i lyfr emynau'i hunan, fel roedd y ddau deulu wedi ei wneud bob dydd Sul ers iddyn nhw ddod i'r tai hyn i fyw.

''Co'r dieithryn 'ma!' meddai Mam, ''co'r olwg sydd arno fe! ''Co'i wallt e! Ac mae e'n meddwl mynd i'r cwrdd fel 'na!'

Roedd Mam yn edrych yn syth at Bobi pan ddwedodd hi'r geiriau hyn. Roedd hi'n aros am

tu hwnt	beyond	*llewygu*	to faint
adlewyrchu	to reflect	*diweddar*	late
lafant (eg)	lavender	*llyfr emynau (eg)*	hymn book
modrwy (eb)	ring	*co*	look at
ffug	false	*dieithryn (eg)*	stranger

gefnogaeth Bobi. Roedd hi'n dibynnu ar ei chefnogaeth mewn gwirionedd. 'Dw i ddim yn gweld dim o'i le arno fe,' meddai Bobi a phan ddwedodd hi hynny, gallech chi daro Mam lawr â phluen. Syllodd hi ar Anti Bobi'n gegrwth.

'Dw i'n meddwl ei fod e'n disgwyl yn smart,' meddai Anti Casi.

Mam yn gegrwth.

'Trwsiadus iawn,' meddai Anti Bobi.

Mam yn gegrwth.

'Dewch,' meddai Bobi, 'neu byddwn ni'n cerdded i mewn ynghanol y bregeth.'

'Wel,' meddai Mam gan godi a gwisgo'i het, 'dw i ddim yn deall pobl heddiw, wir!'

Roedden ni'n barod i fynd drwy'r drws cefn pan ddwedodd Howard –

'Does dim eisiau cerdded. Gallwn ni fynd yn y car.'

Mam yn gegrwth.

'Syniad bendigedig,' meddai Anti Bobi.

'Yn y car, wir!' meddai Mam, 'dim ond cwpwl o lathenni lan yr heol yw'r capel, lle mae e wastad wedi bod. Dyw e ddim wedi symud!'

Ac yn y car aethon ni i gyd i'r capel y diwrnod hwnnw.

Trannoeth roeddwn i'n bwyta wy wedi'i ferwi wrth y ford yn y gegin.

---

o'i le	wrong	*pregeth (eb)*	sermon
pluen (eb)	feather	*bendigedig*	splendid
syllu	to stare	*llathen (eb)*	yard
yn gegrwth	open mouthed	*wastad*	always
disgwyl (DC)	edrych	*trannoeth*	the next day
trwsiadus	smart	*bord (eb) (DC)*	bwrdd

31

'Ble yn y byd mae Howard?' meddai Mam, 'mae e'n mynd i fod yn ddiweddar. Dw i wedi galw arno fe ddwywaith yn barod a dyw e ddim wedi ateb hyd yn oed.'

'Efallai fod rhywbeth yn bod arno fe. Cer lan i weld.' Felly, es i lan llofft a chnocio ar ddrws stafell Howard. Dim ateb. Agorais i'r drws. Doedd e ddim yna. Ar ben hynny, roedd drws ei wardrob ar agor led y pen a doedd dim dillad ynddo fe.

---

lan llofft (DC)   upstairs

5 – Neb Gartref

'Ble yn y byd mae e?' gwaeddodd Mam. 'Cer i lawr i weld a yw'r car 'na.'

Rhedais i lawr y lôn at y garejys ar y gwaelod. Roedd Anti Bobi wedi rhentu un ohonyn nhw oddi wrth Mr Stephens y siop trin gwallt, perchennog y garejys, i gadw car Howard ynddo fe. Roedd y drysau dan glo, ond roeddwn i'n gallu gweld drwy'r bwlch tenau rhwng y ddau ddrws ac roedd y lle'n wag. Roedd y *Citroën* wedi mynd.

'Beth wnawn ni?' gofynnodd Mam pan es i 'nôl ati hi gyda'r newyddion drwg. Ond doedd dim ond un peth i'w wneud mewn pob argyfwng – mynd i alw ar Anti Bobi.

Erbyn hyn roeddwn i'n hwyr i'r ysgol ond doedd Mam ddim wedi sylwi, a doeddwn i ddim yn mynd i dynnu ei sylw at y ffaith.

Aethon ni'n dau gyda'n gilydd at y drws cefn. Nawr, doedd y drws hwnnw byth yn cael ei gloi. Ond roedd e dan glo y tro hwn.

Cnociodd Mam yn galed arno fe â'i modrwy briodas a gweiddi –

'W -w! Casi! Bobi!' Dim ateb.

Aethon ni rownd y gwli a churo ar y drws blaen a gweiddi drwy'r blwch llythyron.

---

gwaelod (eg)	bottom	*bwlch (eg)*	gap
perchennog (eg)	owner (s)	*argyfwng (eg)*	crisis
perchenogion		*cloi*	to lock
dan glo	locked	*gwli (eg)*	gully

'Wel, 'na beth od,' meddai Mam, 'dw i ddim yn cofio cael fy nghloi mas o dŷ Bopa erioed.'

Roedd hi'n dal i sôn am gartref Anti Casi ac Anti Bobi fel tŷ Bopa; Bopa, iddi hi, oedd eu mam nhw.

Ond, roedd 'da Mam allwedd i'r tŷ, wrth gwrs. Roedd yr allwedd hon gyda hi, 'rhag ofn', yn union fel roedd allwedd i'n tŷ ni 'da Anti Bobi ac Anti Casi 'rhag ofn'. Es i adref drws nesa i'w chael hi. Roedd Mam yn ei chadw hi dan y ci oren a gwyn ar y chwith ar y silff ben tân.

Wedyn, agoron ni'r drws blaen ac aethon ni i mewn. Roedd hi fel y bedd yno, neu fel y *Marie Celeste*. Doedden nhw ddim yn y gegin, nac yn y rŵm ganol, nac yn y parlwr. Aeth Mam i edrych yn y tŷ bach tu allan. Neb.

'Beth am lan lofft?' gofynnais i.

'Dw i byth wedi bod lan lofft yn nhŷ Bopa,' meddai Mam.

Er bod y ddau deulu wedi byw ym mhocedi'i gilydd ers mwy na chanrif a thair cenhedlaeth, roedd eu llofftydd yn llefydd sanctaidd.

'Wel, dyma dy gyfle. Rhaid i ni fynd lan, Mam. Mae hwn yn achos arbennig,' meddwn i. 'Beth os ydyn nhw wedi marw?'

'Beth? Y ddwy ohonyn nhw?'

'Mae'n bosib!'

'Paid. Rwyt ti'n hala ofn arna i.'

Aethon ni lan y grisiau, yn dawel. Roedd hi fel camu

---

allwedd (eb) (DC)	key,*agoriad (GC)*	*sanctaidd*	sacred
bedd (eg)	grave	*cyfle (eg)*	opportunity
cenhedlaeth (eb)	generation	*camu*	to step

yn ôl i'r bedwaredd ganrif ar bymtheg. Roedd y celfi lan llofft yn blaen ac o bren tywyll, ar y waliau roedd brodweithiau 'Duw Cariad Yw' mewn fframau pren ac roedd cwiltiau trwm yn yr ystafelloedd gwely. Aethon ni i mewn i bedair stafell i gyd. Stafell Anti Bobi (gwynt sigaretau a blwch llwch llawn), stafell Anti Casi, stafell eu rhieni oedd wedi'i chadw fel cysegrfa er cof amdanyn nhw a'r stafell sbâr. Doedd dim byd yn yr ystafell sbâr ond hen focsys. Roedden ni wedi clywed Anti Bobi yn sôn am y rŵm focsys. Doedd waliau'r stafell sbâr erioed wedi cael eu papuro; roedden nhw'n wyrdd.

Ar y landin, roedd hen hen lun o grwtyn bach. Wncwl Alun oedd hwn. Brawd hŷn Anti Casi ac Anti Bobi. Un diwrnod, pan oedd e'n chwech oed, roedd e'n chwarae ar lan yr afon pan gwympodd e i mewn i'r dŵr a chael ei sgubo i ffwrdd. Gofynnais i i Anti Bobi beth ddigwyddodd. 'Aeth y teulu i'r capel i weddïo, wrth gwrs,' meddai hi, 'a boddodd Alun druan.'

Aeth Mam yn ôl i stafell Anti Bobi ac agor y wardrob. Roedd hi'n wag. Es i i wneud yr un peth yn stafell Anti Casi.

'Dim byd yma,' meddwn i.

'Ac mae Tobi wedi mynd hefyd,' meddai Mam.

---

celfi (eg)	furniture, dodrefn	crwtyn (eg) (DC)	young lad
brodweithiau (ll)	tapestries	hŷn	older
gwynt (eg) (DC)	arogl (GC)	sgubo	to sweep
blwch llwch (eg)	ash tray	gweddïo	to pray
cysegrfa (eb)	shrine	boddi	to drown

6 – Galw'r Heddlu

Wel, es i ddim i'r ysgol y diwrnod hwnnw. Doedd neb arall i edrych ar ôl Mam, ond fi, ac roedd hi mewn cyflwr ofnadwy, ddim yn gwybod beth i'w wneud. Fel rheol, gydag unrhyw broblem, byddai hi wedi troi at Anti Bobi am gyngor ac am gymorth. Doeddwn i ddim wedi llawn sylweddoli tan y diwrnod hwnnw gymaint o gefn iddi hi oedd Anti Bobi. Ac nawr roeddwn i'n gorfod gwisgo'i sgidiau hi, fel petai, heb unrhyw baratoad o gwbl.

'Beth wnawn ni, beth wnawn ni?' roedd Mam yn gofyn drosodd a throsodd. Roedd hi'n llefain gymaint roedd ei hwyneb yn goch a'i thrwyn yn biws.

'Beth am i ni fynd draw i dŷ Mr Protheroe i ffonio am yr heddlu?'

'Heddlu?' Roedd y gair wedi'i tharo hi fel taranfollt. Roedd ei llygaid yn sefyll yn ei phen fel dau dŷ ar dân. 'Heddlu!' gwaeddodd hi eto. Tasai hi wedi gweiddi ychydig yn uwch, fyddwn i ddim wedi gorfod mynd i ffonio.

'Ond does dim trosedd, nac oes?' meddai hi gan geisio deall y sefyllfa, 'wedi mynd mas maen nhw, dyna i gyd!'

Roedd hi'n amlwg nad oedd hi'n barod i wynebu'r peth eto.

'Wedi mynd mas,' meddwn i gan geisio ei thywys hi

cyflwr (eg)	condition, state	taranfollt (eb)	thunderbolt
cyngor (eg)	advice	uwch	louder
paratoad (eg)	preparation	trosedd (eg)	crime
drosodd a throsodd	over and over	sefyllfa (eb)	situation
piws	purple	tywys	to lead

at y gwirionedd, 'i ble? I siopa? Gyda Howard? Ben bore? A mynd â'u dillad i gyd, y tri ohonyn nhw?'

'Ond yr heddlu? Y cywilydd? A Bobi'n organydd ac yn ddiacones ym Methania! Be fyddai Bopa wedi'i ddweud? A'n tadau ni'n flaenoriaid!'

Dechreuodd hi lefain eto. Mewn ffordd, roedd hi'n iawn, wrth gwrs. Roedd gan Howard ac Anti Bobi ac Anti Casi berffaith hawl i fynd i ffwrdd; oedolion oedden nhw, wedi'r cyfan. Ond roedden ni'n eu nabod nhw'n rhy dda, ac roedd y peth yn rhy anghyffredin i ni beidio â gwneud rhywbeth yn ei gylch.

'Dw i'n mynd draw i dŷ Mr Protheroe,' meddwn i.

'Wel, dyna fe,' meddai Mam, 'bydd pawb yn gwybod wedyn. Mae e a'i ffôn yn hen felin y glep. Man a man i ni roi baneri dros y ffenestri yn dweud bod Howard ni a'r ddwy Miss Bevan wedi rhedeg i ffwrdd!'

Cyn i fi fynd i ffonio, daeth rhywun at y drws. Neidiodd Mam i'w ateb gan ddisgwyl gweld ein perthnasau'n dod yn ôl. Ond merch denau a swil o'r enw Moira Price oedd yno oedd yn gweithio yn yr un siop â Howard.

'Mae'n flin 'da fi aflonyddu arnoch chi Mrs Morris, ond mae Mr James yn gofyn a yw Howard yn dod i'w waith heddiw, achos 'dyn ni'n ofnadwy o brysur, neu ydy e'n dost?'

Trodd Mam yn gelwyddwraig yn y fan a'r lle.

---

gwirionedd (eg)	truth
blaenoriaid (ll)	chapel elders
hawl (eb)	right
oedolion (ll)	adults
yn ei gylch	about it
felin y glep	chatterbox

man a man i ni	we might as well
swil	shy
mae'n flin 'da fi	mae'n ddrwg 'da fi
aflonyddu ar	to disturb
celwyddwraig (eb)	liar
yn y fan a'r lle	on the spot

Roeddwn i'n synnu ei chlywed hi'n eu rhaffu nhw. Lledaenodd wên ffals ar draws ei hwyneb hi.

'Mae e'n ofnadwy o wael yn ei wely, Moira.'

'O, mae'n flin 'da fi, Mrs Morris. Beth sy'n bod arno fe?'

'Ffliw. Ffliw heintus iawn hefyd. Gwell i ti fynd yn ôl i'r siop ar frys a dweud wrth Mr James y daw Howard yn ôl i'r siop i weithio unwaith y bydd e wedi gwella'n llwyr.'

'Iawn, Mrs Morris. Ond dwedodd Mr James wrtha i, tasai Howard yn dost, am ofyn i chi anfon nodyn doctor ato fe erbyn yfory, os gwelwch yn dda.'

Pylodd y wên yn sydyn.

'Dwedwch wrth Mr James y bydda i'n galw yn y siop i'w weld e cyn hir. Bore da i chi Moira.' A chaeodd hi'r drws.

'Merch fach fusneslyd,' meddai Mam.

'O, roeddwn i'n ei licio hi,' meddwn i.

Peth ffôl iawn i'w ddweud dan yr amgylchiadau. Gwgodd Mam arna i.

'Dere. Awn ni draw i dŷ Mr Protheroe gyda'n gilydd.'

Hen lanc yn hen ystyr y term oedd Mr Protheroe. Dyn bach tenau iawn fuodd yn ddyn yswiriant ac nawr ei fod e wedi ymddeol, ei ddiddordebau oedd ei ardd lysiau, y capel (Bethania, lle roedd e'n drysorydd) a'i ymweliadau rheolaidd â Thiwnisia.

---

rhaffu	to spin (lies)	*gwgu*	to frown
lledaenu	to spread	*dere (DC)*	tyrd
heintus	contagious	*hen lanc (eg)*	bachelor
pylu	to fade	*yswiriant (eg)*	insurance
busneslyd	nosey	*trysorydd (eg)*	treasurer
amgylchiadau (ll)	circumstances	*ymweliad (eg)*	visit

Cyn i ni gael defnyddio'r ffôn, doedd dim dewis gan Mam ond i adrodd yr hanes i gyd.

'Rhyfedd,' meddai Mr Protheroe,' rhyfedd iawn. Wel, cewch , wrth gwrs, ffoniwch ar bob cyfri.'

Ond roedd e'n gorfod dangos i ni sut i ddeialu rhif gorsaf yr heddlu. Roedd ffôn yn ddieithr iawn i ni y dyddiau hynny. Doedd yr wythdegau ddim wedi cyrraedd ein stryd ni; yn wir, prin roedd y pumdegau wedi cyrraedd.

Ar ôl cinio – ond chawson ni ddim cinio, doedd Mam ddim yn gallu coginio heb sôn am fwyta. Gallwn i fod wedi bwyta ceffyl ond roeddwn i'n gorfod cadw cwmni â Mam, felly ches i ddim cinio chwaith. Ar ôl amser cinio, felly, daeth heddwas ifanc i'r tŷ, PC Jenkins, ond roedd Mam yn ei adnabod fel Malcolm. Roedd PC Jenkins yn cofio bod yn yr ysgol pan oedd Miss Bevan yn brifathrawes.

'Does dim eisiau poeni,' meddai fe'n hollol ddigyffro, 'efallai dôn nhw 'nôl heno.'

'Dôn nhw 'nôl?' meddai Mam yn methu credu ei chlustiau. 'Dôn nhw 'nôl, yn wir! Dw i'n moyn gwybod ble maen nhw. Dw i'n moyn nhw nôl 'ma nawr. Mae Casi'n dost a Bobi – Miss Bevan i ti – yn smygu gormod. A Howard . . . wel, efallai . . . dw i ddim yn gwybod wir.'

'Ond dyw'r heddlu ddim yn gallu gwneud dim eto, dych chi'n gweld Mrs Morris. Dyn nhw ddim wedi bod i ffwrdd yn hir iawn, nac ydyn nhw?'

---

adrodd	to relate	*heb sôn am*	never mind
ar bob cyfri	by all accounts	*digyffro*	calm
dieithr	strange, alien	*methu*	to be unable to,
prin	scarcely, hardly		to fail

'Malcolm,' meddai Mam gan anwybyddu'r iwnifform a'i droi'n grwtyn bach o flaen ein llygaid, 'gyda phobl fel y rhain, nid pa mor hir maen nhw wedi bod i ffwrdd sy'n bwysig, ond y ffaith eu bod nhw wedi mynd yn y lle cyntaf.'

Trodd clustiau Malcolm yn goch. Doedd yr heddlu ddim yn gallu gwneud dim a dweud y gwir, oni bai bod lle i ofni bod ein perthnasau wedi cael eu herwgipio neu eu llofruddio. Aeth Mam yn benwan pan glywodd hi'r geiriau hyn. Doedd hi ddim yn fodlon ystyried posibiliadau mor arswydus.

Ar ôl gweld heddwas yn dod i'r tŷ roedd clecs y stryd i gyd wedi'u deffro. Daeth Maisie George i gael benthyg powlenaid o siwgr ac roedd eithaf tipyn o waith sgubo pafin y diwrnod hwnnw ar hyd y stryd. Yna clywodd Alma Evans fod Mam a fi wedi defnyddio ffôn Mr Protheroe, ac wedyn roedd y gath allan o'r cwd yn llwyr a phawb yn gwybod bod Howard a'r ddwy Miss Bevan ar goll.

---

anwybyddu'	to ignore	*arswydus*	terrifying
herwgipio	to kidnap	*clecs (ll)*	gossips
llofruddio	to murder	*cael benthyg*	to borrow
penwan	weak-headed	*y gath allan*	the cat out of
ystyried	to consider	*o'r cwd*	the bag

7 – Newyddion

Pwy fyddai'n meddwl y byddwn i'n gweld eisiau Howard? Ond ar ôl i bythefnos fynd heibio heb air oddi wrtho fe na'r ddwy fodryb, roeddwn i wedi dechrau poeni'n fawr iawn. Buodd Mam yn poeni am y tri ers y diwrnod cyntaf. Prin roedd hi'n gallu bwyta na chysgu. Doedd hi ddim yn gwybod beth i'w wneud.

Aeth hi i weld Mr Illtyd James a dweud ei bod hi'n ofni bod rhywbeth ofnadwy wedi digwydd i Howard. A gwnaeth Mr James yr unig beth y gall dyn caredig a llawn cydymdeimlad fel fe ei wneud, sef diswyddo Howard.

Wedyn, aethon ni at y papur newyddion lleol gyda'r stori, gan apelio am wybodaeth a gofyn a oedd rhywun wedi gweld y tri neu unrhyw un ohonyn nhw. (Doedd Mam ddim yn gallu goddef y syniad o Anti Casi ar ei phen ei hunan.) Ac os oedden nhw - Howard, Bobi, Casi – yn digwydd gweld yr erthygl hon i gysylltu â Mam a fi. Cafodd lluniau o'r tri eu rhoi yn y papur hefyd. Hen lun o Howard gyda gwallt byr a seimllyd a smotiau dros ei drwyn ac o gwmpas ei geg. Anti Bobi yn sefyll yn gefnsyth fel milwr, sigarét yn ei llaw dde, gyda Tobi y Sealyham dan ei braich chwith. Anti Casi yn cwato tu ôl i'w chysgod ei hunan mewn cornel yn y parlwr, yn gwisgo ffrog flodeuog hen-ffasiwn a siôl am ei hysgwyddau. Triawd eithaf anghyffredin.

---

cydymdeimlad (eg)	sympathy	*cwato (DC)*	*cuddio* , to hide
goddef	to bear	*blodeuog*	floral
erthygl (eb)	article	*triawd (eg)*	trio

Fis yn ddiweddarach, bythefnos ar ôl cyhoeddi'r stori yn y papur, doedd dim siw 'na miw ohonyn nhw.

Hyd yn hyn dw i wedi bod yn dweud yr hanes o safbwynt Mam a fi. Ces i'r ochr arall gan Howard flynyddoedd ar ôl yr helynt, fel y cewch chi weld yn nes ymlaen.

Gwylio Newyddion Cymru gyda'r hwyr roedd Mam a fi.

'Mae'r heddlu yn Sir Aberteifi yn chwilio am ddwy ddynes yn eu chwedegau neu eu saithdegau fuodd yn aros mewn gwestai moethus yn yr ardal ac yn talu eu biliau gyda sieciau anghyfreithlon . . .'

Roedd iaith y newyddion mor ffurfiol a chywir y dyddiau hynny. Dw i'n ei gofio fel tasai'r dyn yn y siwt newydd ei ddarllen nawr.

Edrychodd Mam arna i. Edrychais i ar Mam. Ac aeth yr un ias drwyddon ni'n dau ar yr un pryd.

'Na,' meddai Mam, 'na, paid â meddwl beth rwyt ti'n ei feddwl.'

'Rhy hwyr,' meddwn i, 'dw i wedi'i feddwl e'n barod.'

'Mae'n amhosib,' meddai hi.

'Nid am Howard, Bobi a Casi mae e'n siarad,' meddwn i gan gydsynio â hi.

Yna, yn ei lais ffurfiol a diemosiwn, mewn acen ogleddol, disgrifiodd y dyn yn y siwt ar y teledu y

dim siw na miw	hide nor hair	*moethus*	luxury
hyd yn hyn	up to now	*anghyfreithlon*	illegal
safbwynt (eg)	point of view	*ffurfiol*	formal
helynt (eg)	trouble, fuss	*cywir*	correct
nes ymlaen	later on	*ias (eb)*	shiver
gyda'r hwyr	in the evening	*cydsynio â*	to agree with
gwesty (eg) gwestai	hotel(s)	*cribo*	to comb

ddwy hen fenyw. Roedd un ohonyn nhw'n fyr gyda gwallt gwyn wedi'i dorri'n fyr ac wedi'i gribo gyda rhaniad syth ar y chwith. Roedd hi'n gwisgo dillad eithaf gwrywaidd a thrwsiadus ac roedd hi'n smygu sigaretau.

'Na,' meddai Mam, 'nid Bobi yw honna.'

Aeth yr adroddiad yn ei flaen. Roedd yr ail fenyw'n dalach ac yn denau gyda gwallt gwyn hir. Roedd ei phryd a'i gwedd yn llwydaidd.

'Na,' meddai Mam eto, 'nid Casi yw honna.'

Ond aeth yr adroddiad ymlaen yn oeraidd ac yn ddidrugaredd. Gyda'r ddwy fenyw roedd dyn ifanc tew yn ei ugeiniau gyda gwallt du hir ac yn gwisgo dillad ffasiynol a lliwgar.

'Na,' meddai Mam, 'nid Howard bach ni yw hwnna.'

Ac yn wir, doedd Mam ddim yn credu taw ein perthnasau ni oedd y bobl hyn. Pan glywais i fod y triawd wedi gadael y gwesty diwethaf mewn TR7 coch newydd, roeddwn i bron â bod yn barod i feddwl am y peth fel cyd-ddigwyddiad rhyfedd. Tri pherson tebyg i Bobi a Casi a Howard ond nid Bobi na Casi na Howard mohonyn nhw. Ond roedd y dyn yn y siwt ar y teledu yn gorfod ychwanegu un manylyn bach creulon a therfynol.

'Roedd ganddyn nhw ddaeargi bach gwyn . . .'

---

adroddiad (eg)	report	cyd-ddigwyddiad (eg)	coincidence
pryd a gwedd	complexion	ychwanegu	to add
llwydaidd	pale	manylyn (eg) manylion	detail
yn ddidrugaredd	mercilessly	terfynol	final
taw (DC)	mai, that	daeargi (eg)	terrier
bron â	almost		

8 – Ar Eu Gwyliau

'Anti Bobi oedd wedi trefnu popeth,' meddai Howard wrtha i flynyddoedd wedyn. Prin bod angen iddo fe ddweud hynny. Fyddai fe nac Anti Casi ddim wedi gallu trefnu cael dishgled o de mewn caffi, heb sôn am fynd ar herw drwy'r wlad.

'Ond beth aeth drwy'i phen hi?' gofynnais i.

'Dw i ddim yn gwybod,' meddai Howard. Roedd Howard yn dal i siarad yn ddigyffro am yr anturiaethau anhygoel.

'A sut cest ti ac Anti Casi eich tynnu i mewn i ffwlbri Anti Bobi?'

'Dw i ddim yn gwybod,' meddai Howard.

Sut oedd brawd i fi yn gallu bod mor anhygoel o dwp? Ond o dipyn i beth dechreuodd yr hanes ddod allan wrth i fi ei holi dros amser.

'Un diwrnod, cyn i ni fynd', meddai Howard, 'gofynnodd Anti Bobi i fi fynd â hi yn y car i weld Dr Fisher, ac ar ôl iddyn nhw ddod mas o'r feddygfa roedd Anti Casi yn moyn mynd am dro yn y wlad cyn mynd adre. Aethon ni lan y mynydd ac i lawr i'r cwm nesaf. Ar y ffordd 'nôl gofynnodd Bobi i fi stopio ar ben mynydd er mwyn i ni gael edrych ar yr olygfa dros y dre. Dych chi'n gallu gweld ein tŷ ni a thŷ Bopa drws nesa i'w gilydd, ein tŷ ni yn las yn y cefn a'u tŷ nhw'n

---

trefnu	to organise	*ffwlbri (eg)*	foolishness
ar herw	on a maraud	*o dipyn i beth*	gradually
anturiaeth (eb)	adventure		

44

wyn. Dyna pryd dechreuodd Anti Bobi roi ychydig o fanylion ei chynllun i ni.'

Pan ddwedodd Howard y pethau hyn wrtha i, cofio roedd e. Daeth golwg hiraethus bell-i-ffwrdd i'w lygaid y tu ôl i'w lensys cyffwrdd. Ail fyw digwyddiadau bum mlynedd ynghynt roedd e, ac efallai nad oedd trefn yr hanesion a'r manylion yn hollol glir gan fod y cof yn chwarae triciau arnon ni i gyd.

'Daeth Anti Bobi mas o'r car i sefyll gyda fi i edrych ar yr olygfa. Arhosodd Anti Casi yn y car gan ei bod hi'n rhy oer iddi hi. "Howard," meddai Anti Bobi wrtha i heb hel dail, "mae Casi'n dost, yn dost iawn. Yn wir, dyw hi ddim yn mynd i fyw yn hir. Naw neu ddeg mis ar y mwya sydd ar ôl 'da hi, yn ôl y doctor. Dw i eisiau rhoi amser da iddi hi, cyn iddi hi fynd." Edrychais i arni hi'n syn ac yna troais i i edrych 'nôl ar Anti Casi yn y car. Roedd hi'n gwenu'n braf ac yn edrych yn iachach nag roeddwn i wedi'i gweld hi ers blynyddoedd. "Paid ag edrych arni hi," sibrydodd Anti Bobi, "dyw hi ddim yn gwybod. Dwedodd Dr Fisher y newyddion drwg wrtha i'n gyfrinachol. Cancr sy arni hi. Paid â dweud dim gair wrthi hi am hyn. Unwaith maen nhw'n gwybod mae'r gofid yn cyflymu'r diwedd. Felly, pacia dy ddillad ac awn ni'n tri ar ein gwyliau yr wythnos nesa." "Ond beth am fy ngwaith gyda Mr James?" gofynnais i. "Paid â phoeni. Ga i air gyda Illtyd, roedden ni yn yr ysgol ar yr un pryd." Doeddwn i ddim wedi sylweddoli bod Mr James mor hen â hynny. "A phaid â dweud dim, dim gair cofia, wrth dy fam nac wrth dy frawd," meddai hi.'

---

lensys cyffwrdd (ll)	contact lensys	*sibrwd (sibryd-)*	to whisper
ynghynt	earlier	*yn gyfrinachol*	secretly
mas (DC)	allan	*gofid (eg)*	worry

'A wnest ti ddim,' meddwn i.

'Wel,' meddai Howard, 'allwn i byth mynd yn erbyn Anti Bobi, na allwn i?'

Roedd e yn llygad ei le, wrth gwrs. Roedd gan Anti Bobi ewyllys fel stîm rolar tra bod Howard, hyd yn oed ar ôl ei drawsffurfiad, fel teisen yn y glaw.

'Wrth i ni baratoi at ddiflannu dros yr wythnos ddilynol, dwedodd Anti Bobi fwy wrtha i,' ychwanegodd Howard. 'Yn ôl Anti Bobi, roedd Anti Casi yn iawn, doedd hi ddim mewn poen. Roedden ni'n mynd i adael ben bore dydd Llun heb ddweud wrth neb rhag ofn i bobl ddechrau holi cwestiynau. Doedd Bobi ddim hyd yn oed yn mynd i ddweud wrth Casi nes ein bod ni ar y ffordd. Yn wir, ar y ffordd yn y car y bore Llun hwnnw y dwedodd Bobi wrth Casi ei bod hi wedi ennill cystadleuaeth a'r wobr oedd i ni'n tri gael aros mewn gwestai moethus.'

'"Ar y ffordd"' dwedaist ti, ond ar y ffordd i ble?'

'Dyna'r broblem,' atebodd Howard. 'Ar y dechrau, doedd Anti Bobi ddim yn siŵr. Wedi'r cyfan, doedd hi ddim wedi teithio ryw lawer, a doedd dim un ohonon ni'n gallu darllen map. Felly, i ddechrau, aethon ni i gyfeiriad Abertawe ac aros yno un noson ac ymlaen wedyn i Gaerfyrddin am noson. Noson arall wedyn yn Aberystwyth. Roedd Anti Bobi wrth ei bodd yn Aberystwyth, gan ei bod hi'n cofio'i dyddiau fel myfyrwraig yno. Ond doedd dim amser 'da hi i hel atgofion. Ar ôl hynny dechreuodd pethau fynd o chwith

---

llygad ei le	dead right	*diflannu*	to disappear
ewyllys (eb)	will	*dilynol*	following
tra	whilst	*hel atgofion*	to reminisce
trawsffurfiad (eb)	transformation	*o chwith*	wrong

dw i'n credu. "Dw i eisiau mynd i Aberteifi nesa," meddai Anti Bobi ar ôl i ni adael y Belle Vue. Roeddwn i'n dechrau gyrru'n well erbyn hyn, ond ar y ffordd i Aberteifi, mynnodd Anti Bobi fy mod i'n stopio mewn garej er bod digon o betrol yn y tanc. Aeth Anti Bobi i siarad â dyn y garej, a'r peth nesa roedden ni wedi gadael y Citroën ar ôl ac roeddwn i'n gorfod gyrru i ffwrdd mewn TR7 newydd, arswydus o gyflym a hollol ddieithr. A'r peth cyntaf wnaeth Anti Bobi yn Aberteifi oedd mynd i'r banc. "Jiw, jiw," dw i'n cofio Anti Casi'n dweud wrth i ni aros i Bobi ddod mas o'r banc, "'na amser mae hi'n ei gymryd." Pan ddaeth Bobi yn ôl, aethon ni i chwilio am y gwesty gorau yn yr ardal. A chyn i ni fynd i mewn, meddai Bobi, "Nawr 'te, dy enw di yw Robert Clarke a'n henwau ni yw Meek, Miss Ann Meek wyf fi a Miss Gwendoline Meek wyt ti Casi. Iawn?'"

'Wnest ti ddim amau dim?'

'Naddo,' meddai Howard, 'dwedodd Anti Bobi fod popeth yn iawn, ond un o amodau'r wobr oedd ein bod ni'n gorfod newid ein henwau ymhob gwesty. Roedd hi'n rhan o'r gystadleuaeth yn ôl Anti Bobi.'

'A derbyniaist ti ac Anti Casi hynny'n ddigwestiwn?' gofynnais i'n anghrediniol.

'Wel, do. Os oedd Anti Bobi'n dweud.'

---

amau	to suspect	*yn anghrediniol*	incredulously
amodau (ll)	conditions		

9 – Wyneb i Waered

Erbyn yr haf, roedd hi'n hollol amlwg i fi fod fy mrawd di-asgwrn-cefn a fy nwy hen fodryb barchus wedi bod drwy'r wlad ar sbri troseddol ers sawl wythnos. Ond doedd Mam ddim yn gallu wynebu'r gwirionedd hwn. Roedd hi'n mynd o gwmpas y tŷ yn ochneidio ac yn dweud, 'Beth fyddai Bopa yn ei feddwl?' drosodd a throsodd. Roedd hi wedi bod at Dr Fisher ynglŷn â'i "nerfau" sawl gwaith hefyd.

Ond roedd hi wedi mynd yn fwy anodd, os nad yn hollol amhosib i anwybyddu'r storïau yn y newyddion ar y teledu, ar y radio ac yn y papurau, am 'Britain's Most Wanted Septagenarian Sisters'. Doedd yr heddlu ddim yn gallu eu dal nhw a doedd neb yn gwybod pwy oedden nhw. Bydden nhw'n symud o gwmpas y wlad ar ryw batrwm igam-ogam ac yn mynd o westy i westy gan newid eu henwau bob tro a newid eu car yn aml. Yr unig beth nad oedd yn newid byth oedd y disgrifiad ohonyn nhw a'r dyn ifanc tew a'r ci gwyn oedd yn teithio yn eu cwmni. Ond hyd yn hyn doedd dim llun ohonyn nhw wedi cael ei gyhoeddi. Ac oherwydd hynny, doedd Mam ddim yn barod i fynd at yr heddlu i ddweud ei bod hi'n nabod y ffoaduriaid fel ei chyfnitheroedd a'i mab ei hunan.

---

wyneb i waered	upside down	*igam-ogam*	zig-zag
parchus	respectable	*oherwydd*	because
sbri troseddol	crime spree	*ffoaduriaid (ll)*	fugitives
ochneidio	to sigh	*cyfnitheroedd (ll)*	female cousins
sawl gwaith	several times		

'Wedi'r cyfan,' dwedodd hi wrtha i am y canfed tro, 'mae'n anodd 'da fi gredu y byddai fy nhylwyth fy hunan yn dwyn ceir ac yn aros mewn gwestai moethus ac yn talu gyda sieciau ffug.'

Ond roedd Mam yn gwybod cystal â fi taw dyna beth oedd yn digwydd. Ar y naill law roedd hi'n gwadu'r peth ac yn gwrthod cysylltu â'r heddlu ac, ar y llaw arall, roedd hi'n dweud pethau oedd yn dangos ei gwir deimladau.

'Fyddwn ni ddim yn gallu codi'n pennau yn y stryd 'ma. Wir i ti Marc, liciwn i redeg i ffwrdd a gwneud yr un peth â nhw. Maen *nhw*'n cael hwyl ond fi sy'n gorfod wynebu'r cymdogion.'

Roedd rhai o'n cymdogion wedi cnocio ar y drws a gofyn beth oedd wedi digwydd i'r ddwy Miss Bevan. Roedden nhw'n holi'r un cwestiynau – on'd oedd 'na debygrwydd rhwng y ddwy Miss Bevan a'r bobl roedd yr heddlu yn ceisio eu dal? Nac oedd, meddai Mam, dim tebygrwydd o gwbl. Ble roedd y Misses Bevan, felly? Ar eu gwyliau, roedd Mam yn ateb. Ble? Yr Alban.

Fy mam yn rhaffu celwyddau, fy mrawd yn dwyn ceir, fy hen fodrybedd annwyl a pharchus yn bownsio sieciau. Roedd fy myd wedi troi wyneb i waered.

Doedd fy mam ddim yn gwybod pa mor agos at y gwir oedd hi pan ddwedodd hi fod ei chyfnitheroedd ar eu gwyliau yn yr Alban. Buodd Maisie George a'i gŵr yn aros gyda pherthnasau yng Nghaeredin a phwy welon nhw yn cael eu tywys gyda chriw o dwristiaid o gwmpas y castell ond . . .

---

tylwyth (eg)	family	*gwir deimladau (ll)*	true feelings
cystal â fi	as well as me	*tebygrwydd (eg)*	similarity
ar y naill law	on the one hand	*Caeredin*	Edinburgh

'Y ddwy Miss Bevan, Howard Morris a'r ci gwyn 'na,' meddai Maisie cyn ychwanegu. 'Byddwn i'n eu nabod nhw mewn ogof yn y tywyllwch; wedi'r cyfan, ces i fy magu yn y stryd 'ma.'

Creadures haerllug oedd Maisie George ac aeth hi'n syth at Bobi a dweud wrthi,

'Sut dych chi, Miss Bevan?' A dych chi'n gwybod beth ddwedodd hi wrtha i? "I'm sorry, you must have made a mistake, I've never met you before in my life." Mewn acen Saesneg shwd-ych-chi, hefyd. Felly, troais i at ei chwaer a dweud, 'Casi, 'na ryfedd eich gweld chi yma.' Ond ddwedodd hi ddim gair, dim ond cwato y tu ôl i'w chwaer. Felly, dyma fi'n troi at Howard a dweud, 'Wel, wel, on'd yw'r byd 'ma'n fach?' Ond ddwedodd hwnnw ddim byd chwaith. Ond pan gyfarthodd Tobi y ci arna i – roedd Bobi Bevan yn ei dal ar dennyn – roeddwn i'n gwybod taw y ddwy Miss Bevan a Howard oedden nhw. Roedd Tobi'n nabod fi'n iawn!

'Maisie,' meddai Mam, 'dw i'n erfyn arnat ti, paid â mynd at yr heddlu.' A chwarae teg i Maisie, aeth hi ddim at yr heddlu.

Ychydig wythnosau yn ddiweddarach, roedd Mam yn gorfod erfyn ar Beryl Parry i beidio â mynd at yr heddlu ar ôl iddi hi gwrdd â'r chwiorydd ar lawr uchaf Tŵr Blackpool.

---

tennyn (eg)   lead   *erfyn ar*   to beg

10 – Miss Tegwedd Gwenogfryn (I)

Drwy'r haf hwnnw byddai 'na ryw erthygl am y 'Runaway Septagenerian Women' yn ymddangos yn y papurau bob wythnos, bron. Roedd y wlad, a ni, yn dechrau dod yn gyfarwydd â'u hanturiaethau. Roedden nhw'n rhyw fath o jôc genedlaethol ac yn aml, yr adroddiad am eu hanturiaeth ddiweddaraf fyddai'r stori ddigri ar ddiwedd y newyddion ar y teledu gyda'r nos – ar ôl yr holl bethau trist: Michael Fagan yn torri mewn i Balas Buckingham, Ronald Reagan yn dweud rhywbeth gwirion; yna, sôn amdanyn nhw ac am fethiant yr heddlu i'w dal nhw.

Ychydig o sylw roedd Howard yn ei gael, er bod Bobi a Casi'n dibynnu arno fe'n llwyr ac yn methu mynd i unman hebddo fe. Yn wir, roedd Tobi'r Sealyham bach yn denu mwy o sylw na Howard. Roedd y wlad i gyd ar eu hochr nhw a doedd neb yn dymuno gweld yr heddlu'n cael gafael arnyn nhw. Neb, hynny yw, ac eithrio rheolwyr yr holl westai a gafodd eu twyllo ganddyn nhw, a pherchnogion y modurdai oedd wedi rhoi ceir iddyn nhw yn gyfnewid am sieciau ffug a char wedi'i ddwyn o fodurdy arall.

Un noson, wrth i ni wylio'r newyddion roedd Mam a

---

cyfarwydd	familiar	*ac eithrio*	with the exception of
digri	amusing		
gwirion	silly	*twyllo*	to cheat
methiant (eg)	failure	*modurdy (eg)* modurdai	garage (s)
cael gafael ar	to get hold of	*cyfnewid (eg)*	exchange

fi'n syn i glywed Angela Rippon yn dweud bod person arall wedi ymuno â'r criw. Roedd y disgrifiad yn ddigon trawiadol – roedd hi'n fenyw dal, tua chwe throedfedd, tua deunaw stôn ac roedd ei gwallt yn goch. Ymunodd hi â nhw cyn iddyn nhw adael Cymru (am y trydydd tro) mewn Bentley glas. A llwyddodd y ffigwr hynod 'ma i fwrw hyd yn oed Tobi i'r cysgod, dros dro.

Pwy oedd hi? O ble roedd hi wedi dod? Beth roedd hi'n ei wneud yng nghwmni'n perthnasau ni?

Ces i'r atebion i'r cwestiynau hyn roedd Mam a fi wedi eu gofyn yn yr wythdegau, gan Howard yn y nawdegau.

'Dw i ddim yn cofio ble yn union cwrddon ni â Tegwedd Gwenogfryn,' meddai Howard,' ond roedd hi'n canu mewn gwesty lle roedden ni'n aros. Roedd hi'n rhoi perfformiad preifat ar gyfer gwesteion yn y gwesty. Roedd hi'n sefyll wrth ochr y grand piano gwyn 'ma ac yn canu darnau o'r operâu. Wrth gwrs, roedd Bobi a Casi wrth eu bodd. Canodd hi yn Saesneg, Ffrangeg, Eidaleg a chanodd hi *Dafydd y Garreg Wen* yn Gymraeg.'

Ond nid Cymraes oedd Tegwedd Gwenogfryn. Americanes oedd hi, fel dwedodd hi wrth Bobi pan aeth hi i siarad â'r gantores ar ôl ei pherfformiad. A dweud y gwir, yn ôl Howard doedd hi ddim yn gantores dda o gwbl ond yn hen eos drwynol debyg i Florence Foster Jenkins. Methiant o *diva* oedd hi ond doedd hynny ddim wedi poeni Bobi o gwbl oedd yn cael ei denu gan

hynod	peculiar	*cantores (eb)*	singer
dros dro	temporarily	*eos (eb)*	nightingale
cwrdd â (DC)	cyfarfod	*denu*	to attract
gwesteion (ll)	guests		

y cymeriad lliwgar, y gwallt mewn plethiad ffrengig, y ffrogiau hir, y persawr a'r colur.

'Y peth nesa,' meddai Howard, roeddwn i'n rhoi cesys Miss Gwenogfryn – ac roedd llawer ohonyn nhw – gyda'n cesys ni yng nghist y Bentley glas a bant â ni i gyd i Loegr. Roedd Tobi'n gorwedd yn hapus ar arffed Miss Gwenogfryn yn ystod y daith. Aethon ni i aros mewn gwesty crand iawn yn Lerpwl. Dw i ddim yn cofio beth oedd ein henwau ni, roedden ni'n eu newid bob tro, ond dewisodd Miss Gwenogfryn yr enw Boadicea Churchill. A'r noson honno cawson ni beth o'i hanes.'

cymeriad (eg)	character	*colur (eg)*	make-up
plethiad ffrengig	French plait	*cist (eb)*	boot
persawr (eg)	perfume	*bant â ni*	away (we went)

11 – Miss Tegwedd Gwenogfryn (II)

Cafodd Tegwedd Gwenogfryn ei geni yn Efrog Newydd ond ddwedodd hi ddim ble yn union yn y ddinas fawr honno y cafodd hi ei geni. Wedyn, cafodd hi ei hanfon i Ewrop gan ei rhieni i gael ei haddysg. Ddwedodd hi ddim ble yn union ar y cyfandir hwnnw y cafodd hi ei haddysg, nac ym mha iaith. Yn aml iawn, roedd geiriau Ffrangeg yn llithrio dros ei gwefusau, fel tasai hi'n meddwl yn yr iaith honno. Doedd hi ddim eisiau siarad am ei rhieni; yn wir, roedd hi'n eu casáu nhw. Yn ei hieuenctid roedd Tegwedd wedi sylweddoli bod 'da hi ddawn fel cantores ac wedi gofyn i'w mam a'i thad am addysg mewn ysgol gerdd. Ond am ryw reswm roedden nhw wedi gwrthod ystyried y peth o gwbl. Yna, ceisiodd Tegwedd gyflawni hunanladdiad am y tro cyntaf ac ildiodd ei rhieni. Aeth hi i ysgol gerdd yn Ffrainc. A dyna lle dysgodd hi am ei henaid Celtaidd.

Yn ystod y gwyliau, un flwyddyn, yn lle mynd yn ôl i America aeth hi draw i Lydaw, ac oddi yno i Gernyw ac wedyn i Gymru. A phan glywodd hi fod Cymru yn Wlad y Gân, sylweddolodd Tegwedd fod gwaed

---

Efrog Newydd	New York	*cyflawni*	to commit
cyfandir (eg)	continent	*hunanladdiad*	suicide
llithro	to slip	*ildio*	to give in,
gwefusau (ll)	lips		to yield
casáu	to hate	*enaid (eg)*	soul
dawn (eb)	talent	*Llydaw*	Brittany
ysgol gerdd	music school	*Cernyw*	Cornwall

Cymreig yn llifo drwy'r gwythiennau roedd hi wedi ceisio eu torri â rasel dro yn ôl. On'd oedd ei henw gwreiddiol hi'n un Cymreigaidd (ond wnaeth hi ddim dweud beth oedd ei henw gwreiddiol hi)? Cymru oedd ei chartref ysbrydol ac roedd hi'n Gymraes yn ei chalon. Penderfynodd hi ei bod hi'n mynd i fod yn Gymraes. Darllenodd hi'r *Mabinogi*. Newidiodd hi ei henw i Tegwedd Gwenogfryn a dechrau dysgu'r iaith. Ar ôl iddi hi orffen ei chwrs yn yr ysgol gerdd yn Ffrainc, daeth hi i Gymru i fyw ac i ennill ei thamaid fel cantores opera.

Doedd hi ddim wedi cael llawer o lwc, meddai hi. Wnaeth hi ddim rhoi manylion ond roedd hi'n amlwg nad oedd hi'n deall pam. Wedi'r cyfan, pan ddaeth Bobi a Casi ar ei thraws, roedd hi'n ddigartre, i bob pwrpas, ac yn ceisio ennill ei thamaid drwy fynd o westy i westy gan ganu ar ei phen ei hunan. Er gwaetha'r ffrogiau hir a'r colur trwchus doedd hi ddim yn gyfoethog nac yn ifanc.

Pan gynigiodd Bobi edrych ar ei hôl hi, neidiodd Tegwedd Gwenogfryn ar y cyfle. Paciodd hi ei chesys ac ymuno â'r anturiaethwyr.

'*Oh la la!*' meddai hi wrth Tobi y Sealyham bach wrth iddi hi ei gipio a'i gymryd ar ei chôl yng nghefn y Bentley glas, '*un chien d'andalou.* Dw i'n mynd i fwynhau hyn. Bant â ni!'

---

llifo	to flow	*ennill ei thamaid*	to earn her living
gwythiennau (ll)	veins	*er gwaetha*	in spite of
rasel (eb)	razor	*cynnig (cynigi-)*	to offer
ysbrydol	spiritual	*cipio*	to snatch

Roedd acen hynod 'da hi, wrth gwrs, oherwydd ei bod hi'n Americanes, a doedd hi ddim yn treiglo bob tro, ond roedd hi'n siaradus iawn, serch hynny.

'O, dw i mor falch i adael y gwesty *sacrébleu* 'na, wir i chi, *c'est vrai*. O, *mon dieu*, rhaid i chi faddau i fi, ond mae'r Ffrangeg yn llithro allan weithiau!'

treiglo	to mutate	*maddau i*	to forgive
siaradus	talkative		

12 – Yr Hen Gyrnol

Doedd dim llawer o le yn y Jaguar roedd Bobi wedi ei gyfnewid am y Bentley glas i bump o ffoaduriaid a chyrhaeddodd Bobi, Casi, Tobi, Tegwedd a Howard westy'r Grand Oak yn Leeds fel sardîns mewn can.

'Dw i'n mynd i gael Daimler y tro nesa,' meddai Bobi.

Erbyn hyn roedd Howard yn yrrwr gych, ar ôl gyrru cynifer o fathau gwahanol o geir mawr.

'Dw i'n licio ceir cyflym fel y Jag 'ma,' meddai fe.

'Ond beth amdanon ni?' gofynnodd Anti Bobi, ''dyn ni'n licio bod yn gyfforddus.'

'Gyda'r heddlu ar ein hôl ni, cyflymder sy'n bwysig.'

'Paid â bod yn haerllug, Howard,' atebodd Bobi.

Roedd y gwesty yn brysur ac roedd y rhan fwyaf o'r stafelloedd wedi eu cymryd. Roedd yr anturiaethwyr yn lwcus iawn i gael lle i aros yno. Ond wedi dweud hynny, roedd y perchennog mor falch o gael pobl fel y Countess von Dinesen (Bobi) a'i theulu yn aros yn ei westy. Wedi'r cyfan, roedd teulu brenhinol Denmarc yn perthyn yn agos i deulu brenhinol Prydain, on'd oedden nhw? Oedd, meddai Bobi, roedd hi a'r fam frenhines Elizabeth yn gyfyrderesau ac yn agos iawn at ei gilydd. Yn ddigywilydd, soniodd Bobi am y fam frenhines fel 'Elisabeta' yn ei ffug acen Ddanaidd.

---

cynifer	so many	cyfyrderesau (ll)	second cousins
cyflymder (eg)	speed	yn ddigywilydd	shamelessly
mam frenhines (eb)	queen mother		

Ar eu ffordd drwy Loegr roedd Bobi wedi rhybuddio'r anturiaethwyr eraill i beidio â dweud gair o Saesneg, dim ond Cymraeg, yn y gobaith o dwyllo pobl i gredu taw Daneg oedd yr iaith roedden nhw'n ei siarad – neu Norwyeg neu Swedeg neu Iseldireg, neu beth bynnag oedd y celwydd roedden nhw'n ei actio ar y pryd, gan ei fod yn newid o westy i westy!

Bu'r perchennog a'i staff yn gweini arnyn nhw'n wasaidd, yn y gobaith y byddai'r Frenhines ei hunan yn dod i glywed am y gwesty bendigedig hwn.

Ond y noson gyntaf, ar ôl iddyn nhw archebu cimwch, daeth y perchennog at eu bwrdd i ymddiheuro. Roedd yn ddrwg 'da fe, meddai fe'n wasaidd, ond roedd y gwesty mor brysur roedd popeth wedi mynd yn ddryslyd iawn ac roedd e wedi gwneud camgymeriad. Roedd un o'i westeion mwyaf anrhydeddus heb fwrdd, heb le i eistedd. Fyddai ots 'da'r Countess a'i theulu, fydden nhw'n fodlon, tasai Cyrnol Hays yn ymuno â nhw? Roedd e'n ŵr bonheddig.

Roedd Bobi ar fin dweud 'Dim diolch' ond cafodd hi ei meddiannu gan bwl o beswch smygwraig. Torrodd Tegwedd ar ei thraws hi. '*Mais pas du tout.* Dim o gwbl. Not at all.'

Y peth nesaf roedd hen gyrnol barfog yn eistedd rhwng Howard a Casi gyferbyn â Bobi a Tegwedd.

'Most dreadfully sorry about this,' meddai'r cyrnol.

'Zat is alright,' meddai Bobi gan drïo siarad fel rhywun o Ddenmarc, 'but I am afrait I vill haff to

Daneg	Danish	*cimwch (eg)*	lobster
Iseldireg	Dutch	*anrhydeddus*	honourable
gweini	to serve	*gŵr bonheddig*	gentleman
yn wasaidd	servishly	*meddiannu*	to be taken over
archebu	to order	*torri ar draws*	to interrupt

translate on behalf off my friends ant familee. Zey speak no Inclish,' ychwanegodd hi gan edrych yn fygythiol ar bawb yn ei chwmni.

Drwy gydol y noson, felly, dim ond Bobi fu'n siarad yn uniongyrchol â'r cyrnol. Os oedd un o'r lleill yn dymuno dweud rhywbeth wrtho fe roedden nhw'n gorfod ei ddweud drwy Bobi. Doedd dim ots 'da Howard, doedd 'da fe ddim i'w ddweud beth bynnag ac roedd Casi'n rhy swil i ddweud gair wrth ddieithryn fel y cyrnol. Yr unig un oedd yn awyddus i siarad oedd Tegwedd. Ond doedd Bobi ddim mor barod i gyfieithu'i 'Daneg' hi ar gyfer y cyrnol.

Roedd hi'n amlwg i Bobi o'r dechrau fod gan y cyrnol ddiddordeb mawr yn Tegwedd a bod gan Tegwedd dipyn o ddiddordeb ynddo fe. Ac roedd Bobi yn awyddus i ladd y rhamant yn yr egin. Ar ôl y pwdin, cododd Bobi chwap a datgan –

'Ve must all depart for our beds and go to keep now, Cyrnol. Ve haf to leaf in the head of the morning as ve say.'

Gwnaeth Bobi yn siŵr bod pawb wedi mynd i'w stafelloedd cyn mynd am dro gyda Tobi yng ngardd y gwesty a chael un sigarét arall.

Dihunodd Tegwedd yn y tywyllwch, roedd y *Nivea*'n dal yn drwchus ar ei hwyneb ac wrth ei hochr yn y gwely gyda hi roedd rhywun yn anadlu'n drwm. Roedd y düwch o'i chwmpas fel bol buwch. Gallai Tegwedd deimlo'i farf yn cyffwrdd â'i boch. Roedd arni hi

yn fygythiol	threateningly	*lladd yn yr egin*	to nip in the bud
drwy gydol	throughout	*datgan*	to declare
yn uniongyrchol	directly	*anadlu*	to breathe
y lleill	the others	*cyffwrdd â*	to touch

ormod o ofn i sgrechian. Ond, beth tasai'r hen gyrnol yn ei threisio hi yn ystod y nos?

Clywodd Tegwedd lais Bobi yn gweiddi yn y coridor, 'Casi! Casi!' Gwelodd Tegwedd ei chyfle i daro'r golau.

'Casi!' meddai llais Bobi tu allan eto, 'mae Tobi wedi rhedeg i ffwrdd!'

Ond dyna lle roedd Tobi yn gorwedd ar y gwely, ei ben ar obennydd Tegwedd!

---

treisio   to rape   *gobennydd (eg)*   pillow

13 – Yng Nghanol Nunlle

Cân boblogaidd ar y pryd oedd 'Wherever I Lay My Hat, That's My Home' gan Paul Young. Yn eironig iawn, roedd fy Mam i'n hoffi gwrando ar hen recordiau o'r chwedegau ac roedd rhai o'i ffefrynnau fel tasen nhw'n adlewyrchu stori fy nwy fodryb, fy mrawd a'r fenyw ddieithr. 'Ticket to Ride' gan y Beatles, er enghraifft, 'King of the Road' gan Roger Miller. Bob tro y byddai Mam yn gwrando ar y gân 'na, byddwn i'n gorfod gadael y tŷ. Byddai 'In the Middle of Nowhere' gan Dusty Springfield yn cael yr un effaith arna i. Roedd geiriau'r gân yn consurio llun o'n perthnasau yng nghanol nunlle, fel petai, ac ar ben hynny, Dusty Springfield oedd yr unig gantores 'fodern' roedd Bobi yn ei hoffi.

'Gobeithio nad yw dy frawd di wedi troi at ddiod,' meddai Mam un diwrnod ar ôl iddi hi fod yn gwrando ar 'King of the Road' eto, 'yn enwedig wrth iddo fe yrru'r ceir mawr dieithr 'na.'

'Dyw Howard ddim yn debygol o yfed gyda Anti Bobi ac Anti Casi yn ei wylio,' meddwn i.

'Dw i ddim mor siŵr,' meddai Mam, 'mae Bobi a Casi wedi newid fel dw i ddim yn eu nabod nhw, bron.'

'Ond byddai hi'n beth da tasai'r heddlu'n dal Howard gyda'r brethaleiser,' meddwn i.

'O'r cywilydd!' meddai Mam, 'fy mab yn feddwyn!'

nunlle	nowhere	*consurio*	to conjure
ffefrynnau (ll)	favourites	*yn debygol*	likely
effaith (eb)	effect	*meddwyn (eg)*	alcoholic

'Fyddai hynny'n ddim byd ar ben yr holl geir maen nhw wedi eu dwyn, yr holl sieciau maen nhw wedi eu bownsio . . .'

'Paid! Paid â dweud gair arall,' meddai Mam, a gwnaeth hi beth anghyffredin iawn iddi hi; yn wir, dyna'r tro cyntaf iddi hi ei wneud. Aeth hi lan lofft, er ei bod hi'n ganol y prynhawn ac yn ddiwrnod heulog, a thynnu'r llenni a gorwedd ar y gwely yn y tywyllwch am awr.

Fi oedd yn gorfod mynd lan i'w deffro hi – pwy arall? Gwylio'r newyddion neu'n hanner gwylio roeddwn i a hanner adolygu ar gyfer fy arholiadau, ac ar ôl rhyw eitem am Mrs Thatcher dyma lun newydd dieithr o'r pump (yn cynnwys Tobi) yn ymddangos ar y sgrîn. Prin roeddwn i'n eu nabod nhw, gymaint roedden nhw wedi newid. Roedd Howard yn deneuach ac roedd e wedi lliwio darnau o'i wallt hir yn felyn. Roedd e'n gwisgo siwt streipiau llydan a sbectol haul anferth, gyda fframiau plastig coch. Wrth ei ochr e, roedd Anti Bobi'n sefyll yn gwisgo *fedora* a siwt drwsiadus dywyll a rhosyn gwyn yn y lapel llydan. Roedd hi'n gwisgo sbectol haul fawr hefyd. Yn ei llaw dde roedd sigarét oedd yn cael ei dal gan ryw fath o wialen ddu hir. Yn Anti Casi roedd y newid mwyaf trawiadol; roedd ei bochau'n goch (roedd hynny'n amlwg hyd yn oed mewn llun du a gwyn ar yr hen deledu) ac roedd hi wedi mynd i edrych yn dew. Roedd ei dillad hi'n ysgafn, yn lliwgar ac yn ffasiynol, ac er ei bod hi'n agosach at ei wyth deg, roedd hi'n edrych yn bedwar deg. Yn y llun wrth ochr Anti Bobi, roedd cawres o

cynnwys	to include	*llydan*	wide
darnau (ll)	segments	*gwialen (eb)*	stick

fenyw yn sefyll, doeddwn i ddim yn ei hadnabod ac yn ei breichiau hi roedd yr hen Tobi. Roeddwn i'n gorfod rhedeg lan lofft i alw ar Mam.

'Mam,' meddwn i, 'dere glou. Mae llun ohonyn nhw ar y teledu!'

'Beth sy wedi digwydd iddyn nhw?'

'Dw i ddim yn gwybod.'

Roedd y llun wedi mynd cyn i ni gyrraedd y teledu yn y lolfa ac roedden ni wedi colli'r stori. Diolch i'r drefn, doedd ein cymdogion ddim a daeth Alma a Maisie i lenwi'r bylchau yn ein gwybodaeth. Roedd y llun wedi cael ei dynnu mewn gwesty yn yr Alban gan rywun oedd yn aros yno oedd wedi cwrdd â'r criw. Roedd yr anturiaethwyr wedi cyrraedd a gadael mewn hen Armstrong-Sidley gwerthfawr lliw du a hufen. Ac ar ben eu holl droseddau eraill, roedd yr heddlu wedi ychwanegu cyhuddiad o ddefnyddio a gwerthu cyffuriau.

dere glou!	come quickly!	*cyhuddiad (eg)*	accusation, charge
llenwi'r bylchau	to fill the gaps	*cyffuriau*	drugs
gwerthfawr	valuable		

63

14 – Dim Newyddion

Y Rolling Stones, y Beatles a Marian Faithfull, roedd hi'n ddigon hawdd credu eu cysylltiad nhw â chyffuriau, ac roedden nhw'n ddigon pell i ffwrdd 'nôl yn y chwedegau ac yn Llundain. Ond Anti Bobi? Anti Casi? Howard!

'Cyffuriau!' meddai Mam dan sioc. 'Roedd dy Anti Bobi'n pallu cymryd aspirin hyd yn oed at ben tost pan oedd hi'n byw drws nesa.'

'Pa gyffuriau, tybed?' roeddwn i eisiau gwybod.

'Beth yw'r ots pa gyffuriau?' meddai Mam, 'Maen nhw i gyd yn wael i chi ac yn anghyfreithlon, beth bynnag. Ac mae Anti Bobi ac Anti Casi yn rhy hen i ddechrau potsian gyda phethau peryglus fel 'na. Mae'n hen bryd iddyn nhw ddod adre.'

Ond, hyd y gallwn i weld, doedd y teulu afradlon ddim ar frys i ddod adre. Roedd yr wythnosau'n llithro heibio a'r anturiaethwyr yn mynd yn fwy cyfrwys a'r heddlu'n ymddangos yn dwpach. Byddai'r heddlu'n cyrraedd *ar ôl* i'r criw ddianc, bob tro. Byddai pobl yn eu hadnabod nhw dim ond ar ôl iddyn nhw fod ar sbri mewn rhyw westy crand a gwario cannoedd o bunnoedd gan dalu gyda siec ffug a ffoi. Byddai Tegwedd yn difyrru pawb drwy ganu darnau o'r operâu

---

cysylltiad (eg)	connection	*cyfrwys*	cunning
pallu (DC)	gwrthod	*dianc*	to escape
tybed	I wonder	*ffoi*	to flee
potsian	to mess with	*difyrru*	to amuse
hen bryd	high time		

a byddai Bobi yn hael iawn yn prynu diodydd a sigarennau i'r gwesteion eraill. Ond roedd hi fel tasai rhyw hud yn eu hamddiffyn nhw ac yn eu cadw nhw rhag i bobl sylweddoli pwy oedden nhw nes ei bod hi'n rhy ddiweddar.

Roedden nhw wedi dechrau mynd yn hy iawn hefyd. Yn ôl un stori, roedd Howard wedi stopio mewn Rover, gyda'r menywod a'r ci yn y car gyda fe, a holi heddwas y ffordd i Fanceinion. Dim ond ar ôl iddo fe yrru i ffwrdd yn gyflym y dwedodd rhywun wrth yr heddwas druan ei fod e'n credu taw dyna'r bobl fuodd ar y newyddion y noson cynt. Y noson honno roedd heddlu ymhob gwesty ym Manceinion, dim ond i'r ffoaduriaid gael eu hadnabod yng Nghaerfaddon – hynny yw, *ar ôl* iddyn nhw ddiflannu o'r dre fawr honno, eto.

Roedd y 'Septagenarian Sisters' yn jôc genedlaethol o hyd, ond yr heddlu oedd y cyff gwawd.

Yna aeth pethau'n dawel am dipyn. Ble roedden nhw? Beth oedd wedi digwydd iddyn nhw? Oedden nhw wedi mynd i guddio neu . . . wedi marw? Yna, rhedodd Sealyham dros y lawnt fowls yng nghanol twrnameint pwysig iawn yn Wolverhampton gan ddifetha nid yn unig y bencampwriaeth ond y borfa berffaith hefyd. Rhedodd e o gwmpas mewn cylchoedd gan gyfarth ar y peli mawr du a chipio'r bêl fach wen a'i chario i ffwrdd yn ei geg. A doedd neb yn gallu dal y ci nes i fenyw fawr gyda gwallt coch gerdded dros y

hud (eg)	charm, magic	*cyff gwawd*	laughing stock
amddiffyn	to protect	*difetha*	to destroy
hy	bold	*pencamp-*	championship
Manceinion	Manchester	*wriaeth (eb)*	
cynt	previous	*porfa (eb)*	grass
Caerfaddon	Bath		

lawnt mewn sodlau uchel gwyn (gan wneud mwy o niwed i'r borfa) a gafael yn y ci a'i gario i ffwrdd dan ei braich. Roedd y chwaraewyr yn grac, roedd rhai o'r gynulleidfa'n grac hefyd, tra bod eraill yn gweld y digwyddiad yn un digri iawn.

Cafodd sylw ei roi i'r ci yn y bencampwriaeth fowls ar y teledu ar y newyddion. Pan ymunodd y fenyw fawr hon â dwy fenyw arall yn eu saithdegau a dyn ifanc ffasiynol, sylwodd un neu ddau o bobl yn y gynulleidfa ar y tebygrwydd rhwng y criw od a'u ci a'r ffoaduriaid enwog. Rhy araf. Rhy hwyr. Y tro nesaf iddyn nhw gael eu gweld roedden nhw yn Durham.

---

sodlau (ll)   heels   *cynulleidfa (eb)*   audience
niwed (eg)   damage

15 – Cynllun Da

Ffrwydrodd bomiau'r IRA yn Hyde Park, ac roedd cyflafan yn Beirut.

Ond doedd pethau fel 'na ddim yn poeni dim ar Mam a fi, er ein bod ni'n dilyn y newyddion yn agos. Beth oedd yn digwydd i Anti Bobi, Anti Casi, Howard a Tobi oedd ein gofid ni.

Tawelodd y storïau amdanyn nhw eto yn yr hydref. Roedd y genedl, fel petai, wedi anghofio amdanyn nhw. A heb hanesion yn y newyddion yn sôn am eu hanturiaethau doedd dim gwybodaeth 'da ni yn eu cylch.

'Rhaid i ni wneud rhywbeth,' meddai Mam un diwrnod. Roedd hyn yn newid o'r 'Beth wnawn ni?' arferol. Ac roedd rhyw oleuni rhyfedd yn ei llygaid tu ôl i'w sbectol fframiau iâr fach yr haf hen-ffasiwn. Dw i'n cofio meddwl, 'O, na! Mae Mam wedi cael troëdigaeth!' Byddai hynny wedi bod yn ormod ar ben fy holl broblemau teuluol eraill. Ond, roedd Mam yn ei hiawn bwyll, diolch i'r drefn.

'Rhaid i ni fynd ar eu holau nhw. Wedi'r cyfan, dyw'r heddlu byth yn mynd i'w dal nhw.'

'Beth wyt ti'n feddwl, "mynd ar eu holau nhw"?'

'Rhaid i ti frysio gyda dy wersi gyrru i basio'r prawf ac wedyn bant â ni i chwilio amdanyn nhw.'

---

ffrwydro	to explode	*troédigaeth (eb)*	religious conversion
cyflafan (eb)	massacre		
cenedl (eb)	nation	*yn ei hiawn bwyll*	sane
iâr fach yr haf	butterfly		

'Cynllun da, Mam,' meddwn i, dan wenu, 'ond mae un neu ddwy broblem. Does dim car gyda ni, a beth am fy ngwaith ysgol?'

'O!' meddai Mam, ei chrib wedi ei thorri, 'doeddwn i ddim wedi meddwl am bethau fel 'na.'

Ond doedd dim byd yn mynd i'w stopio hi nawr, unwaith roedd y syniad wedi ffurfio yn ei phen. Ddau neu dri diwrnod ar ôl iddi hi gael ei fflach fawr o ysbrydoliaeth, datganodd hi,

'Reit, dw i wedi trefnu popeth. Cei di dy brawf gyrru yr wythnos nesa ac ar ôl i ti basio, cawn ni fenthyg Morris 1000 Miss Beynon. Mae e fel newydd, meddai hi, achos dim ond i'r pentre mae hi wedi bod ynddo fe ambell waith cyn iddi hi gael ei strôc. A dw i wedi bod i weld y prifathro ac mae e wedi rhoi mis i ffwrdd o'r ysgol i ti gael gwella.'

'Gwella! O beth? Dw i ddim yn dost.'

'Wel, mae'r prifathro'n meddwl dy fod ti wedi bod yn gweithio'n rhy galed a dy fod di'n dioddef o iselder ysbryd.'

'Ond, dw i ddim, Mam. A dw i ddim eisiau colli ysgol.'

'Paid â phoeni. Mae'r prifathro'n meddwl dy fod di'n bell ar y blaen i bawb arall, beth bynnag. Cei di ddod â dy holl lyfrau 'da ti i adolygu.'

'Ond i ble 'dyn ni'n mynd? Y tro diwetha i ni glywed am Anti Bobi a'r criw roedden nhw yng Nghaeredin!'

'Dyna le 'dyn ni'n mynd, felly.'

---

ei chrib wedi ei thorri	downcast	*iselder ysbryd*	depression
		ar y blaen	ahead
ysbrydoliaeth (eb)	inspiration		

16 – Craciau

Roedd Tobi yn licio sefyll gyda'i draed ôl ar arffed pwy bynnag oedd yn ei ddal, a'i draed blaen ar y dashfwrdd, fel y gallai weld y ffordd o'i flaen. Roedd e'n edrych fel tasai fe'n gyrru'r car ei hunan. Tegwedd Gwenogfryn oedd yn licio eistedd yn y sêt flaen, wrth ochr Howard, gan ddal y ci. Ac fel 'na, yn ôl Howard, flynyddoedd yn ddiweddarach, y dechreuodd y cyfeillgarwch gracio.

Roedd Bobi'n genfigennus. Doedd hi ddim yn fodlon bod Tegwedd yn dal Tobi, ei chi hi, a doedd hi ddim yn hapus o gwbl fod Tobi mor fodlon i fynd at Tegwedd. Ar ben hyn i gyd, doedd Bobi ddim yn lico'r ffaith bod Tegwedd mor awyddus i eistedd mor agos ag y gallai hi at Howard. Nid bod Howard wedi gwneud dim i godi gobeithion Tegwedd. Roedd hi wedi camddeall y sefyllfa'n llwyr.

Yn ddelfrydol (o safbwynt Bobi), byddai Casi wedi mynd i eistedd yn y sêt flaen wrth ochr Howard a byddai Tegwedd wedi eistedd yn y cefn wrth ei hochr hi a byddai Tobi wedi dewis eistedd ar arffed ei feistres (a neb arall). Felly, roedd popeth wedi mynd o chwith, fel petai. Achos dyna lle roedd hi, dro ar ôl tro, yn y gornel, wrth ochr ei chwaer, heb ei chi hyd yn oed, yn smygu ar ei phen ei hunan.

Wrth gwrs, dyw hi ddim yn fanwl gywir i ddweud ei bod hi ar ei phen ei hunan os oedd hi'n eistedd wrth

cyfeillgarwch (eg)	friendship	*yn ddelfrydol*	ideally
cenfigennus	jealous	*yn fanwl gywir*	strictly correct
camddeall	to misunderstand		

ochr ei chwaer (ffordd o ddweud yw hi). A doedd hi ddim hyd yn oed yn smygu ar ei phen ei hunan chwaith. Achos yn ei henaint roedd Casi wedi darganfod pleserau smygu.

'Hi!Hi!' meddai Casi bob hyn a hyn yn blentynnaidd, 'mae'r sigaretau 'ma yn gwneud i fi chwerthin.'

'Maen nhw'n gwneud y byd o les i ti,' meddai Tegwedd yn y sêt flaen yn cosi clustiau Tobi, 'dwedais i y bydden nhw, on'do?'

'Mae hi'n smygu gormod,' meddai Bobi yn swta.

'Wel, wel!' meddai Howard, ''na un bert i siarad.'

'Dw i ddim yn smygu'r sigaretau 'na,' meddai Bobi. 'Dyw hi ddim yn y car 'ma gyda ni hanner yr amser,'

'Gad lonydd i fi. Maen nhw'n gwneud y byd o les i fi,' chwarddodd Casi.

Nid smygu oedd yr unig beth drwg roedd Casi wedi'i ddysgu ers iddi hi a'i chwaer gwrdd â Tegwedd Gwenogfryn. Wrth i'r Rover gwyrdd dynnu i mewn i ddreif y gwesty diweddaraf gwaeddodd Casi,

'Dw i eisiau *snowballs*! Dw i eisiau *snowballs*!'

'Wyt ti wedi anghofio taw blaenor oedd ein tad ni? Byddai fe'n troi yn ei fedd tasai fe'n dy weld di nawr,' meddai Bobi.

---

henaint (eg)	old age	*cosi*	to tickle
bob hyn a hyn	every now and again	*yn swta*	curtly
		gadael llonydd i	to leave alone
y byd o les	the world of good	*chwarddodd Casi*	Casi laughed

17 – Ffawdheglwyr

'Mae lot o "hitchhikers" ar yr heol heddiw,' meddai Tegwedd un diwrnod.

Twt-twtiodd Bobi dan ei gwynt, doedd hi ddim yn hoffi'r gair 'lot' yn y frawddeg 'na, fel roedd pawb yn y car yn gwybod. Ond chwarae teg i Tegwedd, doedd geiriau fel 'hapdeithwyr', 'ffawdheglwyr' a 'bodwyr' ddim yn cael eu defnyddio'n aml yn ein cylch ni.

Penderfynodd Howard a Tegwedd y byddai'n dipyn o hwyl rhoi pàs i ambell un o'r teithwyr unig hyn, pan fyddai'r car oedd gyda nhw ar y pryd yn ddigon mawr i rywun arall ddod gyda nhw. Doedd Bobi ddim yn hoffi'r syniad, ond roedd hi'n prysur golli'i hawdurdod.

Felly, cafodd sawl dieithryn bàs gan y ffoaduriaid ar hyd y daith hir honno. Ac, yn ôl Howard, roedd ambell un ohonyn nhw'n gymeriadau digon diddorol.

Byddai Tegwedd yn cynnig un o'i sigaretau arbennig iddyn nhw ac wedyn byddai'r criw (ac eithrio Bobi) yn cael eu difyrru gan hanesion o'u bywydau.

Un o'r rhai cyntaf iddyn nhw ei godi oedd bachgen o'r enw Pip. Roedd e'n un deg naw oed ac wedi dianc o un o'r prifysgolion briciau coch lle nad oedd astudio economeg wedi llwyddo i ennyn ei ddychymyg. Roedd gwallt melyn gweddol hir 'da fe ac yn ôl Howard roedd e'n edrych yn debyg i'r canwr poblogaidd ar y pryd, David Sylvian.

---

ffawdheglwyr (ll)	hitchhikers	*sawl*	several
dan ei gwynt	under her breath	*ennyn diddordeb*	to fire the
pàs (eg)	lift		imagination

'Mae Howard yn meddwl dy fod di'n debyg iawn i David Sylvian,' meddai Tegwedd wrth wasgu'i chorff yn erbyn ei un e yng nghefn y Daimler.

'Pip,' murmurodd Bobi drwy'i sigarét yn y sedd flaen wrth ochr Howard, 'mynd ar fy mhip i mae e, myn uffern i.'

Roedd e'n gallu canu caneuon yr Eurythmics *à capella* ac roedd Tegwedd wrth ei bodd yn rhannu ei sigaretau gyda fe.

'Iawn,' meddai Bobi wrth Howard wrth iddyn nhw nesáu at Nottingham eto (hwn oedd eu hail ymweliad â'r lle o fewn dau fis), ''dyn ni'n dweud twdl-pip wrth y Pip yma.'

Dwedodd hi hyn wrth Howard yng nghyntedd gwesty'r Sweet Haven pan oedd y tri arall a Tobi yn cerdded ac yn chwerthin ar y lawnt. Roedd Paul Young yn canu'i gân rhif un 'Wherever I Lay My Hat That's My Home', yn briodol iawn, ar jiwcbocs ym mar y gwesty.

'Fydd Tegwedd ddim yn hoffi hynny,' meddai Howard.

'Dim ots 'da fi beth mae Tegwedd yn hoffi,' meddai Bobi'n swta, 'mae'n hen bryd i ni ddweud ta-ta wrthi hi hefyd.'

Daeth hwn fel taranfollt i Howard oedd wedi dod i dderbyn Tegwedd fel aelod annatod o'u teulu teithiol.

Y noson honno, ar ôl gwledd yn y gwesty aeth pob un i'w wely ei hunan. Chwarae teg i Bobi, drwgdeimlad neu beidio, roedd hi wedi archebu stafell i Pip – wedi'r

rhannu	to share	*aelod (eg)*	member
nesáu at	to approach	*gwledd (eg)*	feast
cyntedd (eg)	lobby	*drwgdeimlad (eg)*	ill-feeling

cyfan nid hi oedd yn talu ond rhyw Lady Drummond-Gray yn ôl ei llyfr sieciau diweddaraf.

Ond, yn y bore, roedd Pip wedi diflannu.

'A fy nghlustdlysau i gyd!' sgrechiodd Tegwedd, '*sacré coeur!* fy mreichledi a fy neclisys i gyd!'

---

clustdlysau (ll)   earings   *breichledi (ll)*   bracelets

18 – Newid Olwyn

Camgymeriad oedd i Mam a fi drïo gyrru i Gaeredin. Am un peth, roedd hi'n rhy bell o lawer i un oedd newydd basio'i brawf gyrru. A chyn i ni gyrraedd chwarter y ffordd darllenodd Mam erthygl yn y papur am y 'chwiorydd' yn Nottingham lle roedd yr heddlu wedi dod yn agos iawn at eu dal nhw.

'Hyh!' meddai Mam gan ddarllen y papur, '"We almost got them this time," mae'r heddwas yn ei ddweud. Go brin!'

'Ydyn ni'n mynd i Nottingham nawr 'te?'

'Paid â bod yn dwp. Dyna ein camgymeriad ni a'r heddlu bob tro. Mae Bobi yn rhy gall i aros mewn un ardal yn hir iawn.'

'Beth wnawn ni 'te?'

'Yn lle eu dilyn nhw, rhaid i ni drïo dyfalu ble maen nhw'n mynd i fynd nesa.'

'Mam,' meddwn i'n amyneddgar, 'mae hynny'n amhosib.'

'Anodd, efallai, ond ddim yn amhosib.'

Gafaelodd hi yn y map o Brydain roedden ni wedi'i brynu a'i droi e wyneb i waered. Yna cymerodd hi bìn o'i het (roedd hi'n fenyw hen-ffasiwn iawn yn yr wythdegau). Caeodd hi ei llygaid a sticio'r pìn yn y map. Agorodd hi ei llygaid eto a throi'r map y ffordd iawn. Edrychodd hi lle roedd y pìn.

Go brin!	I bet!	*yn amyneddgar*	patiently
call	sensible	*camynganu*	to mispronounce
dyfalu	to guess	*cymharu â*	to compare with

74

'Rhywle o'r enw Nuneaton,' meddai hi gan gamynganu'r enw.

'Wel,' meddwn i, 'man a man i ni fynd i'r lle hwnnw 'te.'

Doedd dim cymaint o geir ar yr heolydd y pryd hynny o gymharu â heddiw. Ond, wrth gwrs, doeddwn i ddim yn cymharu â heddiw. Ac i yrrwr ifanc dibrofiad, fel roeddwn i, roedd hi'n gallu bod yn beryglus iawn. Roedd y gyrwyr eraill yr adeg honno yn tueddu i fod yn fwy 'creadigol' a mympwyol. Ar ben hynny, cawson ni dwll yn y teiar yng nghanol nunlle a doedd dim syniad yn y byd 'da fi sut i newid yr olwyn. Doedd dim dewis 'da fi ond dysgu yn sydyn trwy brofiad a – methu.

'Dw i ddim yn gwybod beth byddwn i'n ei wneud tasai'r car 'ma'n torri i lawr,' meddwn i ar ôl i ni ddod drwy argyfwng yr olwyn.

'Does dim eisiau mynd o flaen gofid ,' meddai Mam.

Roedd agwedd Mam tuag at y byd a bywyd yn gyffredinol wedi newid yn llwyr. Yn union fel roedd Anti Bobi ac Anti Casi wedi newid, yn sydyn ac yn ddireswm.

---

dibrofiad	inexperienced	*mynd o flaen*	worry
tueddu i	to tend to	*gofid*	unneccessarliy
mympwyol	arbitrary	*agwedd (eb)*	attitude
		yn gyffredinol	in general

19 – Gwynt Teg

'*Chac un à son gout!* . . . o mae'n ddrwg 'da fi,' meddai Tegwedd wrth Howard un tro,' dw i'n dal i feddwl yn Ffrangeg, fy mamiaith i bob pwrpas, ac mae'r geiriau'n llithro dros fy ngwefusau mor naturiol, heb i fi sylwi, bron.'

'Oes rhywbeth yn bod?' gofynnodd Howard gan fod Tegwedd wedi dweud y geiriau estron fel tasai gwenynen wedi ei phigo hi ar ei phen ôl.

'Wel a dweud y gwir, *vin de table*, rhaid i fi stopio cyn bo hir, os gweli di'n dda, fy *carte blanche* annwyl.'

'Pam?' Daeth y cwestiwn fel bwled o'r cefn oddi wrth Bobi. 'Newydd ailgychwyn 'dyn ni. Bydd yr heddlu ar ein holau ni, chwap! Does dim dewis 'da ni ond cario ymlaen heb stopio.'

'Wel, mae'n ddrwg 'da fi, Bobi, ond fel 'dyn ni'n ddweud yn Ffrainc, mae'n fater o *après moi le déluge!*'

'Iawn, Howard,' meddai Bobi, 'stopia wrth ochr yr heol 'ma a chaiff Tegwedd fynd tu ôl i'r perthi.'

'O, *dieu et mon droit.*' Allwn i ddim gwneud peth fel 'na. Dw i'n ledi. Beth bynnag, nid i ateb galwad natur dw i'n gorfod stopio,' meddai Tegwedd yn ddirgelwch i gyd.

'Beth sy'n bod, Miss Tegwedd?' gofynnodd Casi oedd newydd ddeffro .

---

estron	foreign	*perthi (ll)*	bushes
gwenynen (eb)	bee	*dirgelwch (eg)*	mystery
pigo	to sting		

'Dw i'n dioddef o glostroffobia ofnadwy yn y bocs 'ma.'

'BMW newydd sbon yw hwn nid bocs, Tegwedd,' meddai Howard, oedd yn teimlo'n falch o bob car roedd e'n ei ddwyn.

'BMW, SNCF, RSVP, does dim ots 'da fi beth yw e, os na cha i fy rhyddhau o'r car 'ma ar unwaith, bydda i'n lladd pawb, *mal y soit qui mal y pense!*'

'Stopia, Howard,' gwaeddodd Bobi gyda rhyw dinc caled yn ei lais.

Stopiodd Howard.

'Cyn i ti agor y drws, Tegwedd,' meddai Bobi, 'dere â Tobi i fi.'

'Na, dw i'n gorfod mynd nawr, *je ne regrette rien.*' Gwasgodd Tegwedd fotwm y drws a gwthio'i hysgwydd yn ei erbyn. Ond ildiodd y drws ddim. Roedd Tegwedd wedi anghofio rhyddhau'r clo diogelu plant.

'Paid ag agor y drws iddi hi, Howard,' meddai Bobi gan gipio Tobi a'i gymryd i'r cefn gyda hi. 'Nawr, cei di agor y drws iddi hi.'

Pan wnaeth Howard hynny, neidiodd Tegwedd o'r car.

'Nawr, Howard!' meddai Bobi, bant â ni!'

'Ond alla i ddim gadael Miss Tegwedd,' protestiodd Howard.

'Gwranda arna i, 'machgen i, bant â ni!'

Doedd gan Howard ddim dewis ond ufuddhau i Anti Bobi. Flynyddoedd ar ôl y digwyddiad roedd e'n cofio edrych yn y drych a gweld Tegwedd Gwenogfryn yn

rhyddhau	to release	*ufuddhau*	to obey
clo diogelu plant	child safety lock	*drych (eg)*	mirror

sefyll ar ochr yr heol, yn ffigur tal ond unig yn ei ffrog hir flodeuog, ei gwallt hir copr yn uchel ar ei phen ond yn dechrau dod yn rhydd yn y gwynt. Roedd hi'n anodd iddo fe yrru gan ei gadael hi fel 'na a'i gweld hi'n rhedeg ar ôl y car am dipyn yn ei sodlau uchel, ei hewinedd coch yn chwifio yn yr awyr, ei cheg yn agor ac yn cau fel pysgodyn aur ac yn gweiddi arno fe i ddod 'nôl, er nad oedd Howard yn gallu clywed.

''Na beth ofnadwy o gas i'w wneud, Bobi,' meddai Casi.

'Gwynt teg ar ei hôl hi,' meddai Bobi. Ac yna, ar ôl meddwl am ychydig, ychwanegodd hi, 'Gwynt Tegwedd ar ei hôl hi.' A chwarddodd nes iddi hi gael ei meddiannu gan bwl o beswch. Doedd neb arall yn y car yn chwerthin nac yn pesychu.

---

ewinedd (ll)   fingernails   *gwynt teg!*   good riddance!

20 – Dai Watkins

Mewn lle gwely a brecwast bach yn Grimsby y gwelodd Mam a fi'r newyddion ar y teledu. Roedd yr heddlu wedi arestio dyn ar ochr yr heol ger Exeter. Roedd e'n gwisgo dillad menyw ar y pryd ac wedyn, yn y ddalfa, cyfaddefodd e wrth yr heddlu taw Dai Watkins oedd ei enw go-iawn, a'i fod e'n dod o'r Barri'n wreiddiol. Cyfaddefodd Dai hefyd ei fod wedi gweithio fel gyrrwr lorïau cyn iddo fe ymddeol. Aeth Dai ymlaen i gyfaddef mai fel Tegwedd Gwenogfryn roedd e wedi ymuno â'r hen chwiorydd a'u ci yn ddiweddar (doedd dim sôn am Howard) ond o hyn ymlaen, meddai fe, roedd e'n barod i helpu'r heddlu i'w dal nhw. Roedd syniad eitha da 'da fe beth oedd eu cynlluniau dros y dyddiau nesa, meddai fe.

'Alla i ddim credu'r peth,' meddai Mam, dyn oedd hi – oedd e – drwy'r amser. Oedd Bobi a Casi a Howard yn gwybod hynny wyt ti'n meddwl?'

'Dim syniad 'da fi', meddwn i. Ond dwedodd Howard wrtha i flynyddoedd yn ddiweddarach nac oedden, doedden nhw ddim wedi amau'r peth o gwbl ar y pryd. Er bod Howard wedi meddwl bod breichiau Tegwedd yn hynod o flewog i fenyw. Yr unig un i synhwyro'r gwirionedd, efallai, oedd Tobi.

'Wel,' gofynnais i i Mam, 'beth 'dyn ni'n mynd i'w wneud nesa? Roedd dod i Grimsby yn dipyn o gamgymeriad unwaith eto.'

---

dalfa (eb)	custody	*blewog*	hairy
cyfaddef	to admit	*synhwyro*	to sense

''Dyn ni'n mynd yn ôl i Gymru.'

'Beth? Yn mynd i roi'r gorau iddi hi'n barod?'

'Dim o gwbl. 'Nôl i Gymru meddwn i, nid tua thre.'

'Oes rhyw syniad 'da ti 'te?'

'Oes.'

'I ble yn union yng Nghymru 'dyn ni'n mynd 'te?'

'I Aberystwyth.'

'Wyt ti'n meddwl bod Anti Bobi ar ei ffordd i Aberystwyth?'

'Ydw,' meddai Mam gyda'r goleuni od 'na yn ei llygaid hi eto. 'Dw i'n credu bod y sbri troseddol 'ma drosodd, neu, o leia mae'n dirwyn i ben nawr.'

Ac fel y ces i wybod gan Howard yn ddiweddarach, roedd Mam yn llygad ei lle pan ddyfalodd hi hynny. Unwaith roedden nhw wedi canu'n iach â Tegwedd – Dai Watkins – Gwenogfryn ar ochr y lôn 'na newidiodd Bobi ei chynlluniau yn llwyr a gorchymyn Howard i droi trwyn y car i gyfeiriad Cymru yn gyffredinol ac Aberystwyth yn benodol.

---

rhoi'r gorau i	to give up	*dirwyn i ben*	to come to an end
tua thre (DC)	*adref*	*canu'n iach*	to bid farewell

21 – Aberystwyth

Yn wahanol i Mam wnaeth Tegwedd – Dai Watkins – Gwenogfryn ddim rhag-weld bod Bobi am fynd i Aberystwyth. Yn wir, ar ei chyngor hi – neu ar ei gyngor e, a bod yn fanwl gywir – aeth tîm yr heddlu, oedd â gofal arbennig am achos y Chwiorydd i Penge.

Aeth Mam a fi i aros mewn gwesty bach ar y Ro Fawr .

'Dyma ni yn Aberystwyth 'te,' meddwn i wrth dorri pen fy wy wedi'i ferwi wrth y ford frecwast y bore ar ôl i ni gyrraedd,' ond pwy a ŵyr lle mae Anti Bobi ac Anti Casi a Howard?'

'Pwyll piau hi nawr,' meddai Mam oedd wedi mynd i siarad fel Bobi yn ddiweddar. Bwytaodd hi ei brecwast gan bwyll bach, ac yn ystod y bore, aethon ni'n dau am dro o gwmpas y dre ac ar hyd y prom.

'Wyt ti'n gobeithio y byddwn ni'n dod ar eu traws nhw ar y strydoedd 'ma?'

'Efallai'n wir,' meddai Mam, 'pwy a ŵyr,' ychwanegodd hi'n gyfrinachol.

Tref lan môr anghyffredin yw Aberystwyth; does dim prysurdeb, dim haul, na dim o'r naws hwyliog a chyffrous sydd gan drefi glan môr eraill. Prin yw'r elfen dwristaidd yn y dref – neu fel 'na 'oedd hi yn yr wythdegau.

'Rhaid i ni ymlacio,' meddai Mam, 'a thrïo meddwl am hyn fel ein gwyliau.'

â gofal	in charge	*pwy a ŵyr*	who knows
pwyll piau hi	easy does it	*hwyliog*	easy going

I fi, roedd hi'n teimlo'n anhygoel o gynnar i feddwl am wyliau. Doedd dim byd i'w wneud na dim byd i'w weld ond yr un hen gylch o strydoedd ac ar ôl ychydig ddyddiau, roeddwn i'n dechrau dod yn gyfarwydd â'r wynebau, yr un hen wynebau.

Doedd dim sôn am y Chwiorydd yn y newyddion. Roedd pobl wedi colli diddordeb ynddyn nhw. Roedden ni'n gwylio'r newyddion ar y teledu yn lolfa'r gwesty bach yn rheolaidd. Roedd Mrs Thatcher yn llwyddo bob tro i wneud i Kinnock edrych fel twpsyn.

'Dwyt ti ddim yn meddwl bod y Torïaid yn cyflogi Neil Kinnock?' gofynnais i i Mam, i dynnu sgwrs ac i dynnu ei choes.

'Beth rwyt ti'n feddwl?'

'Wel, roeddwn i'n meddwl bod Michael Foot yn llipryn di-asgwrn-cefn ond roedd e'n athrylith o'i gymharu â'r ffŵl Kinnock 'ma.'

'Rwyt ti'n gwybod does dim diddordeb 'da fi mewn gwleidyddiaeth.'

'Dyna'r broblem 'da pawb yng Nghymru.'

Roedd Kinnock yn wan ac yn hollol aneffeithiol fel arweinydd yr wrthblaid ac roedd Thatcher yn fy nychryn. Roedd y ffordd roedd hi'n gallu troi popeth yn ddŵr i'w melin yn hala ofn arna i. Roedd hi bob amser yn godro'r cydymdeimlad pan gafodd bom ei ffrwydro gan yr IRA. Y pryd hynny, roedd hi fel petai popeth yn gweithio o'i phlaid ac yn ei gwneud hi'n fwy

lolfa (eb)	lounge	*gwrthblaid (eb)*	opposition
cyflogi	to employ	*troi dŵr i'w melin*	turn to her
tynnu sgwrs	to start a		advantage
	conversation	*godro*	to milk
gwleidyddiaeth (eb)	politics	*o'i phlaid*	in her favour

haearnaidd a didrugaredd. Roedd hi fel tasai hi'n mynd yn gryfach ar ôl terfysgoedd Brixton a Toxteth, bom Brighton, a sgandal Nimrod. A dim ond yr hen Neil Kinnock oedd gan yr wrthblaid ac roedd e mor effeithiol â chrwban heb ddannedd. Mae'n rhyfedd nad oedd neb wedi meddwl ei lladd hi. Dim ond pobl ddiniwed oedd yn cael eu lladd, pobl fel John Lennon. Cyfnod digalon oedd yr wythdegau.

'Dw i wedi cael llond bol ar y lolfa 'ma a'r hen deledu 'na,' meddai Mam gan fy neffro i o fy myfyrdod,'beth am fynd i edrych ar yr hen goleg a'r castell? Mae'n noson braf.'

---

terfysg (eg)	riot	*digalon*	depressing
crwban (eg)	tortoise	*myfyrdod (eg)*	meditation
diniwed	innocent		

22 – Myfyrdod

Noson braf oedd hi hefyd ac roedd hi'n dawel iawn hefyd gan nad oedd llawer o fyfyrwyr yn y gerddi o gwmpas y castell. Edrychodd Mam ar yr olygfa, y môr a'r hen goleg.

'Lle dymunol i ddod i astudio,' meddai hi. Roedd tinc o hiraeth yn ei llais. 'Byddwn i wedi hoffi mynd i goleg fel Anti Bobi,' ychwanegodd hi, 'ond roedden ni'n dlawd. Roedd fy nhad newydd farw ac roedd fy mrodyr yn gorfod mynd i weithio i'n cadw ni. Bach oedd y pensiwn oedd Mam yn ei gael, dim gwerth sôn amdano bron. Dim digon i fwydo neb, ac eto, roedd pob swllt yn cyfri. Dyn ifanc oedd Nhad pan gafodd e ei ladd dan ddaear a dim ond plant oedd fy mrodyr pan oedden nhw'n gorfod mynd i weithio yn y pwll. Es i i'r ysgol 'da tyllau yn fy sgidiau. Ac yn y diwedd doedd Mam ddim yn gallu fforddio fy nghadw i yn yr ysgol ac es i i weithio yn siop Miss Moffat yn y dre. Doedd dim pwrpas meddwl mynd i'r coleg, nac oedd? Wedi'r cyfan, merch o'n i.'

'Ond merch oedd Anti Bobi ac aeth hi i'r coleg.'

'Do. Ond roedd ei sefyllfa hi'n wahanol achos dim ond merched oedd 'da Bopa a doedd hi ddim yn weddw, chwaith, pan oedd Bobi wedi cyrraedd oedran i fynd i'r brifysgol. Beth bynnag, roedd Bobi'n benderfynol o gael addysg. Yn wahanol i fi, roedd hi'n mynnu ei bod hi'n cael yr un cyfle â'r bechgyn.'

---

pob swllt yn cyfri	ever penny counts	*penderfynol*	determined
gweddw (eb)	widow		

Doeddwn i ddim wedi gwrando ar Mam yn siarad am y pethau hyn o'r blaen. Roedd hi wedi sôn amdanyn nhw o'r blaen, ond hwn oedd y tro cyntaf iddyn nhw wneud argraff arna i. Mor wahanol oedd ei hamgylchiadau hi a'i hieuenctid hi i fy sefyllfa i. Roedd hi'n perthyn i oes arall, er nad oedd yr oes honno yn bell yn ôl yn y gorffennol. Ond, er bod pethau wedi newid er gwell, roedd pobl fel Thatcher yn sôn am droi'r cloc yn ôl, ac yn sôn am werthoedd oes Victoria.

Daeth bollt blewog gwyn o nunlle a thorri ar draws ein myfyrdod. Rhedodd e o gwmpas ein traed gan grïo-ddawnsio a cheisio neidio lan i lyfu ein hwynebau.

'Tobi!' meddwn i gan godi'r hen gi bach i fy mreichiau. Roedd e mor falch i'n gweld ni.

A dyna lle roedd Howard ac Anti Casi ac Anti Bobi.

gwneud argraff	to make an impression	*bollt (eg)*	bolt
er gwell	for the better	*llyfu*	to lick

23 – Aduniad

Doedd Mam a fi ddim wedi eu gweld nhw ers deg mis. Yr un bobl oedden nhw – ein perthnasau, ein teulu. Yr un enwau oedd gyda nhw o hyd – er gwaetha'r holl ffugenwau roedd Bobi wedi eu dyfeisio.

Ac eto, nid yr un bobl oedden nhw o gwbl. Roedd Anti Casi'n edrych yn ifancach ac yn iachach. Roedd hi wedi magu mwy o bwysau. Roedd hi'n gryfach ac yn fwy hyderus ac yn amlwg yn hapusach. Roedd ei gwallt hir yn chwifio'n rhydd yn yr awel, roedd ei bochau yn sgleinio gan iechyd da ac roedd y wên ar ei gwefusau pinc ac o gwmpas ei llygaid glas pert yn pefrio.

Roedd Howard yn gryfach hefyd ac yn fwy allblyg. Roedd e wedi rhoi'r gorau i'r Rhamantiaeth Newydd ac wedi mabwysiadu steil mwy soffistigedig ac aeddfed. Roedd ei groen yn glir ac roedd hi'n amlwg ei fod e wedi ennill tipyn o brofiad yn ystod y misoedd diwethaf.

Ond yn Anti Bobi roedd y newid mwyaf trawiadol. Prin bod Mam a fi'n ei nabod hi. Roedd hi wedi crino fel hen ddeilen sych. Roedd croen ei hwyneb yn rhwydwaith o grychau mân fel gwe corryn ac roedd lliw'r croen yn felyn. Roedd hi'n gwisgo siwt drwsiadus a chrys glân a thei sidan, fel arfer, ond roedd y dillad hyn yn hongian am ffrâm ei chorff. Dim ond cysgod oedd hi o'r fenyw oedd wedi diflannu mor sydyn ddeg mis yn ôl. Roedd hi'n

aduniad (eg)	reunion	profiad (eg)	experience
dyfeisio	to devise	crino	to wither
hyderus	confident	rhwydwaith (eb)	network
awel (eb)	breeze	crychau mân (ll)	wrinkles
pefrio	to sparkle	gwe corryn (DC)	spider's web
mabwysiadu	to adopt		

sgerbwd ar ei thraed. Roedd hi'n sefyll o'n blaenau ni mor gefnsyth ag erioed, sigarét yn ei llaw dde, bysedd ei llaw chwith ym mhoced ei siaced a'r bawd tu allan i'r poced.

Casi oedd y gyntaf i dorri'r garw. 'Jiw, Jiw, pwy fyddai'n disgwyl cwrdd â chi yma?'

'Ar ein gwyliau 'dyn ni,' meddai Mam.

'Dyna gyd-ddigwyddiad, 'dyn ni ar ein gwyliau ni hefyd. 'Dyn ni'n aros yn y Belle Vue,' meddai Casi.

'Ond ar ein ffordd tua thre 'dyn ni,' meddai Bobi. Edrychodd y ddau arall arni hi'n syn. Yn amlwg, hwn oedd y tro cyntaf iddyn nhw glywed hyn.

'Ond dw i eisiau mynd ymlaen ac ymlaen ac ymlaen,' meddai Casi.

'A fi hefyd,' meddai Howard, 'dw i'n mwynhau fy hunan. Ac nawr caiff Marc a Mam ddod gyda ni.'

'Na,' meddai Bobi, 'mae'r wobr enillon ni wedi dod i ben. Beth bynnag, dw i'n gweld eisiau fy ngardd, fy rhosynnod.'

Y noson honno, mynnodd Anti Bobi ein bod ni'n ymuno â nhw yn y gwesty am bryd o fwyd moethus iawn – siampên yn lle gwin. Cawson ni lawer o hwyl o amgylch y ford yn yr aduniad hwnnw, ond wnaeth Howard nac Anti Casi ddim son – ac yn sicr wnaeth Anti Bobi ddim – unwaith am eu hanturiaethau.

Ar ddiwedd y noson, ffarweliodd Howard ac Anti Casi â ni cyn mynd lan i'w hystafelloedd. Ond daeth Anti Bobi gyda ni at ddrws ein lle gwely a brecwast.

'Dw i'n mynd â Tobi am dro o gwmpas y dre 'ma i hel atgofion am fy ieuenctid pan o'n i'n fyfyrwraig yma. Wedi'r cyfan, dyna'r rheswm daethon ni i'r dref 'ma,' meddai Anti Bobi. Ac yna dwedodd hi, 'Nos da.'

sgerbwd (eg)   skeleton   *bawd (eg)*   thumb

24 – Yn y bore

Fore trannoeth, aeth Mam a fi draw i'r gwesty, fel roedden ni wedi trefnu y noson cynt, i gael brecwast gyda'r lleill. Roedd Howard ac Anti Casi yn ein disgwyl ni. Doedd dim sôn am Bobi.

'Mae'n anghyffredin iawn i Bobi fod yn hwyr yn codi,' meddai Anti Casi.

'Af i lan i gnocio ar ddrws ei stafell,' meddai Mam.

Chafodd hi ddim ateb, meddai wrthon ni wrth iddi ddweud yr hanes yn ddiweddarach, felly aeth hi i chwilio am forwyn a gofyn iddi hi agor y drws. Roedd Mam yn amau bod rhywbeth mawr o'i le a dyna pam na ddaeth hi i lawr i ddweud wrth Anti Casi nad oedd ateb o stafell Bobi.

Pan agorodd y forwyn y drws dyna lle roedd Anti Bobi yn gorwedd ar y gwely. Roedd hi'n gwisgo ei chrys, ei thei, ei siwt, ac roedd Tobi yn gorffwys dros ei choesau.

Ond roedd hi'n amlwg i Mam yn syth nad oedd Bobi yn cysgu. Gofynnodd Mam i'r forwyn fynd i alw ar reolwr y gwesty i ffonio am ddoctor ar unwaith. Gwelodd Mam y botel dabledi ar y ford fach wrth ochr y gwely a gwelodd hi nodyn. Cipiodd hi'r nodyn cyn i neb ddod i'r stafell, gan ei bod hi wedi clywed bod yr heddlu yn cymryd nodiadau fel 'na ac yn gwrthod eu rhyddhau nhw wedyn.

---

morwyn (eb)   chambermaid

Yna, daeth y rheolwr i'r stafell, ac wedyn, daeth y meddyg.

Yn y cyfamser, wrth i ni aros yn y stafell fwyta, roedd hi'n amlwg i fi a Howard ac Anti Casi fod rhywbeth wedi digwydd. Es i lan y grisiau i chwilio am Mam gan adael Howard i edrych ar ôl Anti Casi.

Roedd llawer o bobl yn ffwdan i gyd o gwmpas y gwely pan gyrhaeddais i'r stafell. Roedd Mam yn sefyll yn y drws yn dal Tobi yn ei breichiau.

'Mae hi wedi marw,' meddai Mam. Ac yna, sibrydodd hi yn fy nghlust, 'wedi cyflawni hunanladdiad.'

Roedd y newyddion yn sioc ofnadwy i Anti Casi pan aethon ni lawr eto i ymuno â hi a Howard.

Yna daeth yr heddlu. 'Bydd y gath allan o'r cwd nawr,' meddai Mam. Ond yn arwyddocaol iawn, roedd Anti Bobi wedi setlo bil y gwesty cyn iddi hi fynd lan i'w stafell hi y noson cynt. A'r tro hwn, roedd hi wedi talu dan ei henw go-iawn a gyda'i harian ei hunan. A wnaeth heddlu Dyfed Powys ddim rhoi dau a dau at ei gilydd a sylweddoli taw'r rhain oedd y Chwiorydd fu'n mynd ar sbri ledled Ynys Prydain.

---

y cyfamser	the meantime	*ledled*	the length and
ffwdan i gyd	full of fuss		breadth of
yn arwyddocaol	significantly		

25 – Y Llythyr

Ar ôl i'r heddlu ddelio â'r farwolaeth o safbwynt y gyfraith, aethon ni'n pedwar tua thre. Wedyn, cafodd corff Anti Bobi ei amlosgi a'i lludw ei wasgaru o gwmpas ei rhosynnod yn ei gardd. Dyna beth roedd Bobi'n ei ddymuno.

Roedd ei llythyr olaf yn ofnadwy o drist, ond doedd dim hunandosturi ynddo fe.

Ddeg mis yn ôl roedd Dr Fisher wedi dweud wrthi hi fod cancr arni hi, a dim ond rhyw naw neu ddeg mis oedd gyda hi i fyw. Dyna pryd penderfynodd hi ei bod hi a'i chwaer yn mynd am sbri cyn diwedd ei hoes. Dwedodd hi wrth Howard taw Casi oedd yn dost achos doedd Bobi ddim eisiau i neb ei phitïo hi.

'Dw i ddim yn difaru dim,' meddai Bobi yn y llythyr. 'Mae'r profiad wedi gwneud y byd o les i Casi. Mae hi'n fenyw newydd. Ac mae Howard wedi dod allan o'i gragen ac wedi ehangu ei orwelion.

'Peth anffodus oedd i fi golli fy mhen i dros y greadures Tegwedd Gwenogfryn – heb sylweddoli o gwbl taw dyn oedd "hi". Ond, dyna ni, wnaeth neb gallio wrth heneiddio lle mae serch yn y cwestiwn.

'Beth am yr holl bobl dw i wedi eu twyllo a'r holl geir wnes i eu dwyn? Fi yn unig oedd yn gyfrifol am y

delio â	to deal with	ehangu ei orwelion	to widen his horizons
amlosgi	to cremate		
lludw (eg)	ashes	callio	to become wise
gwasgaru	to spread	serch (eg)	love
hunandosturi (eg)	self-pity	cyfrifol	responsible
difaru	to regret		

"troseddau" yna. Cafodd pob un o'r ceir ei brynu â siec. Felly, nid Howard oedd wedi eu dwyn nhw. Sieciau ffug, dan enwau ffug, mae'n wir. Ond roeddwn i'n meddwl amdanaf fy hunan fel rhyw fath o Twm Siôn Cati ein dyddiau ni, yn dwyn oddi wrth y bobl gyfoethog ac yn rhoi i'r tlodion. Dosrannu cyfoeth. Dw i wastad wedi credu yn yr egwyddor 'na. Dw i'n gomiwnydd o genedlaetholwraig o'r crud.

'Peth arall dw i wedi credu'n gryf ynddo fe ar hyd fy oes i yw iwthanasia. Ond doeddwn i ddim yn credu mewn trosglwyddo'r cyfrifoldeb i neb arall, i ryw feddyg druan, er enghraifft. Na, fy nghyfrifoldeb i yw gwneud fy niwedd fy hunan. Heno mae fy meddwl i'n glir, ond cyn hir bydda i'n rhy wan i edrych ar ôl fy hunan a dw i ddim eisiau i neb arall fy nyrsio i nac i estyn fy mywyd am fater o wythnosau. Pa fath o fywyd fyddai hynny i fi? Mae'n flin 'da fi os bydda i'n achosi poen i ti Casi, wrth fynd fel hyn. Ond mae rhaid i ti barchu fy mhenderfyniad. Fy newis i yw hwn. Dwyt ti ddim eisiau fy ngweld i'n dioddef, nac wyt ti? Fyddet ti ddim yn gwneud hynny i Tobi, hyd yn oed, 'na fyddet?

'Dw i wedi cael bywyd braf. Bywyd llawn. A'r misoedd diwetha hyn oedd y darn gorau ohono fe. Nawr mae'n bryd i fi fynd. Bobi.'

Wrth gwrs, roedd geiriau o ffarwél arbennig i bob un ohonon ni, yn enwedig i Casi a Tobi, ond maen nhw'n rhy bersonol i'w cofnodi yma.

Twm Siôn Cati	dyn tebyg i Robin Hood	*cenedlaethol-wraig (eb)*	nationalist
tlodion (ll)	poor	*o'r crud*	from birth
dosrannu	to distribute	*trosglwyddo*	to transfer
egwyddor (eb)	principle	*cyfrifoldeb (eg)*	responsibility
		penderfyniad (eg)	decision

Epilog

Lwyddodd yr heddlu ddim i gysylltu'n teulu ni â throseddau'r chwiorydd afradlon. Bu Anti Bobi mor gyfrwys â chadno. Cyfrinach ei llwyddiant, mae'n debyg, oedd y ffaith ei bod hi wedi symud mor aml ac mor sydyn.

Ar ôl marwolaeth Anti Bobi, aeth Howard i Lundain i weithio fel gohebydd ar bapur newyddion cerddoriaeth boblogaidd. Yn 1987, ymunodd e â'r grŵp Jason's Alien Ancestors, ac fel dych chi'n gwybod, aeth eu record *Jasmine and Blackcurrent* i rif tri yn y siartiau. Nawr, wrth gwrs, mae Howard yn gynhyrchydd recordiau ac yn gwneud bywiolaeth eithaf da, diolch yn fawr, ar gorn grwpiau o fechgyn ifanc fel Duggies's Voodoo Background.

Mae Anti Casi gyda ni o hyd, ac er ei bod hi'n drwm ei chlyw, ac yn gwrthod gwisgo teclyn clywed, mae hi'n fenyw hynod o fywiog. Yn ddiweddar, mae hi wedi bod lan mewn hofrennydd, wedi parasiwtio sawl gwaith o awyrennau bach, wedi byw am fis ar ei phen ei hunan (gyda Tobi wrth gwrs) ar fad camlas, ac wedi gwneud naid *bunjee* i ddathlu'i phen-blwydd yn bump a phedwar ugain. Mae hi'n chwarae golff a bowls bob wythnos (ac yn hoffi ennill) ac mae hi'n dysgu Llydaweg gan ddefnyddio tapiau.

cadno (DC)	llwynog, fox	ar gorn	on the backs of
cyfrinach (eb)	secret	teclyn clywed (eg)	hearing aid
gohebydd (eg)	reporter	hofrennydd (eg)	helicopter
cynhyrchydd (eg)	producer	bad camlas (eb)	barge
bywoliaeth (eb)	living	Llydaweg	Breton

Mae Tobi'n ddychrynllyd o hen ond er ei fod yn ddall ac er bod ei gymalau'n llawn gwynegon mae Anti Casi'n pallu'i roi e i gysgu.

Ar ôl llwyddo yn fy arholiadau safon uwch, es i i 'Aber' – ble arall? – i wneud gradd yn y Gymraeg a chwrs ymarfer dysgu wedyn. Roeddwn i'n ddigon lwcus i gael swydd yn fy hen ysgol a bellach fi yw pennaeth yr Adran. Priodais i â Moira ac nawr mae dau o blant 'da ni, sef Annwen, dwy oed, a Bobi (sy'n fachgen) sy'n bump.

Y plant yw cannwyll llygad eu mam-gu. Dw i ddim yn gwybod beth byddai Moira a fi'n ei wneud heb Mam, sy mor barod i warchod ac i fynd â'r plant am dro yn y parc. Ac wrth gwrs, mae Annwen a Bobi yn dwlu ar eu mam-gu.

Wel, fel dych chi'n gweld, daeth popeth yn ôl i drefn unwaith eto. Ond rhaid i fi gyfaddef, dw i'n gweld eisiau'r lliw ddaeth Anti Bobi i'n bywydau ni i gyd yn ystod misoedd ei hafradlonedd hi a Casi, Howard a Tobi. Mae popeth nawr yn mynd yn ôl y cloc, mor rheolaidd a digyffro. Ac eto, fel 'na roedd hi cyn i Anti Bobi benderfynu mynd ar sbri. Roedd yr anturiaethau yn hollol annisgwyl ac anrhagweladwy. Efallai bydd rhywbeth fel 'na'n digwydd eto o fewn ein teulu neu ein cymdogaeth ni. Pwy a ŵyr? Pwy sy'n nabod y person wrth ei ochr, y dyn neu'r fenyw drws nesa, ei gŵr neu'i wraig, ei frawd neu'i chwaer? Pa ddymuniadau rhyfedd sy'n ystwyrian dan y person agosa atoch chi?

dall	blind	gwarchod	to babysit
gwynegon (eg)	rheumatism	dwlu ar	to adore
gradd (eb)	degree	afradlonedd (eg)	prodigality
pennaeth yr	head of the	anrhagweladwy	unforeseeable
Adran	Department	cymdogaeth (eb)	neighbourhood
cannwyll llygad	the apple of the eye	ystwyrian	to stir

NODIADAU

Mae'r rhifau mewn cromfachau (*brackets*) yn cyfeirio at (*refer to*) rif y tudalennau yn y llyfr.

Ffurfiau berfol presennol ac amherffaith

• Fe welwch chi'r ffurfiau amser presennol isod yn y nofel:

yw (ydy)

> Cywilydd yw cywilydd, er bod ei achosion yn amrywio. (29)
>
> *Shame is shame, even though the causes vary.*

'dyn ni ('dan ni)

> 'Newydd ailgychwyn 'dyn ni.' (76)
>
> *'We've just started out again.'*

dych chi (dach chi)

> Dych chi'n gallu gweld ein tŷ ni a thŷ Bopa drws nesa i'w gilydd. (76)
>
> *You can see our street and Bopa's house next door to one another.*

dyw e ddim (dydy e ddim)

> Dyw hi ddim yn fanwl gywir i ddweud ei bod hi ar ei phen ei hunan. (70)
>
> *It is not strictly true to say that she was on her own.*

• Fe welwch chi'r ffurfiau amherffaith isod yn y nofel:

Roeddwn i (Ro'n i)

> Roeddwn i'n dechrau meddwl fy mod i'n ffôl iawn. (21)
>
> *I was starting to think that I was very foolish.*

Roedden ni (Ro'n ni)

> Roedden ni i gyd wedi'n taro'n fud (24)
>
> *We were all struck dumb.*

Ro'n nhw (Roedden nhw)

Roedden nhw'n holi'r un cwestiynau. (49)

They were asking the same questions.

Nodweddion Tafodieithol

'da fi

Yn y De, mae 'gyda' yn cael ei ddefnyddio i ddynodi meddiant (*denote possession*). Mae 'gyda' yn aml yn troi'n 'da pan fydd pobl y siarad:

Iaith y De
Mae car 'da fi

Iaith y Gogledd
Mae gen i gar

Roedd acen hynod 'da hi. (56)

She had a strange accent.

Fyddai ots 'da'r Countess a'i theulu, fydden nhw'n fodlon, tasai Cyrnol Hays yn ymuno â nhw? (58)

Would the Countess and her family mind, would they be willing, if the Colonel joined them?

1 Amodol (*conditional*)
Mae gan y berfenw 'bod' lawer o wahanol ffurfiau yn yr amodol. Dyma ffurfiau'r nofel hon:

Byddwn i (*I would be*)
Byddet ti
Byddai fe/hi

Bydden ni
Byddech chi
Bydden nhw

Byddwn i'n eu nabod nhw mewn ogof yn y tywyllwch; wedi'r cyfan, ces i fy magu yn y stryd 'ma. (50)

I would know them in a cave in the dark; after all, I was brought up in this street

95

taswn i (If I were)	tasen ni
taset ti	tasech chi
tasai fe/hi	tasen nhw

Yn aml iawn, roedd geiriau Ffrangeg yn llithro dros ei
gwefusau, fel tasai hi'n meddwl yn yr iaith honno. (54)

*Very often, French words would slip from her lips, as if she
thought in that language.*